Robert Schwerdtfeger

Die litterarhistorische Bedeutung der Schillerschen Musenalmanache

1796-1800

Robert Schwerdtfeger

Die litterarhistorische Bedeutung der Schillerschen Musenalmanache
1796-1800

ISBN/EAN: 9783744628778

Hergestellt in Europa, USA, Kanada, Australien, Japan

Cover: Foto ©Thomas Meinert / pixelio.de

Weitere Bücher finden Sie auf **www.hansebooks.com**

Die litterarhistorische Bedeutung

der

Schillerschen Musenalmanache.

(1796—1800.)

Inaugural - Dissertation

zur

Erlangung der Doktorwürde

der

philosophischen Fakultät der Universität Leipzig.

Vorgelegt von

Walter Schwerdtfeger

aus Eilenburg.

———

Leipzig-Reudnitz.
Druck von August Hoffmann.
1899.

Die litterarhistorische Bedeutung der Schillerschen Musenalmanache.

(1796—1800).

Einleitung.

I.

Anfänge der deutschen Musenalmanache, ihre Massenhaftigkeit und ihr Zweck.

Im Jahre 1765 erschien in Paris der „Almanac des Muses“, eine Chrestomathie von schon gedruckten Gedichten. Es war gewissermassen eine poetische Jahresübersicht besonders schöner und beliebter Dichtungen. Dieses Unternehmen erfreute sich bei dem Publikum eines reichen Beifalls und die Sammlung wurde nicht nur in Frankreich, sondern auch in Deutschland viel gelesen und gepriesen. Durch die allgemeine Beliebtheit des französischen Almanac fühlte sich der junge Heinr. Chr. Boie, der seit 1765 in Göttingen studierte, veranlasst, eine ähnliche Sammlung zu schaffen. Obgleich Boie kein eigentlicher Dichter war, so hatte er doch seinen poetischen Geschmack durch das Studium der fremden und besonders der englischen Litteratur derartig gebildet, dass er, wie der Erfolg seines Vorhabens zeigt, den Anforderungen der Sache vollständig gewachsen war. Er stand in Verbindung mit dem Halberstädter Dichterkreis, mit den Braunschweigischen und mit den Berliner Dichtern, und so war es ihm möglich, im Verein mit Fr. Wilh. Gotter und unterstützt von Kästner im Jahre 1769 den ersten deutschen Musenalmanach für das Jahr 1770 in Göttingen herauszugeben.

1*

Durch die gute Aufnahme desselben angespornt, setzte Boie den Almanach fort und übernahm nun die alleinige Redaktion, da sich Gotter aus Göttingen entfernt hatte. Er erweiterte seinen Bekanntenkreis und knüpfte Beziehungen an zu Hölty, Bürger, Miller, Voss, Wieland, Klopstock und Goethe, mit deren Gedichten er seine Sammlung füllte. Von allen Seiten flossen ihm Gedichte zu, unter denen sich manch schönes und bedeutendes Produkt befand. Dank seinem wohlgebildeten Geschmack, der frei von Vorurteilen war, wurden schon von den ersten Jahrgängen bis 5000 Exemplare abgesetzt. Wenn ja auch die beiden ersten Jahrgänge des Göttinger Musenalmanachs noch überwiegend Gedichte der älteren Schule (Gleim, Ramler, Karschin u. s. w.) bringen, so fanden von 1772—74 auch die Gedichte der jungen Göttinger, Bürgers („Lenore"), Goethes („Mahomets Gesang", „Der Wanderer") und anderer Aufnahme, wodurch der Almanach eine grosse litterarische Bedeutung gewann. Wegen der geschickten Handhabung der Redaktion erntete er allerseits reichen Beifall. Gleim schreibt in seiner Begeisterung über Boie 1772 an Knebel: „Boie macht seine Sache vortrefflich, wir wollen ihn zum Intendanten auf dem Parnass machen". Nur von Klotz und dessen Leipziger und Erfurter Freunden erfuhr dieser Göttinger Almanach starke Anfeindungen. Chr. H. Schmid, einer dieser Freunde, gab ebenfalls einen „Almanach der deutschen Musen" für 1770 in Leipzig heraus, worin grobe und parteiische Ausfälle gegen den Göttinger Almanach den Hauptinhalt bildeten, obgleich der Leipziger Musenalmanach für 1770 dem Unternehmen Boies eine illoyale Konkurrenz zu machen suchte, indem er mehrere durch Bestechung eines Setzers aus dem Göttinger Musenalmanach gestohlene Nummern enthielt*) Der Leipziger Almanach, der sich bis 1781 hielt,**) bot

---

*) Vgl. Wustmann, Aus Leipzigs Vergangenheit.

**) Der in Leipzig erscheinende „Almanach der deutschen Musen" hielt sich bis 1781, doch ging er 1776 aus dem Schwickertschen Verlag in den Weygandschen über. Bei Schwickert erschien von 1776—87 ausserdem der „Leipziger Musenalmanach" als Konkurrenzunternehmen zu dem von der Weygandschen Firma unter dem alten Titel veröffentlichten Almanach. Sowohl der Göttinger als der Leipziger Musenalmanach spalteten sich in zwei Unternehmungen.

Gedichte nur in zweiter Linie. Seine Hauptaufgabe sah er in der Kritik gegen den Göttinger, die in sehr gehässiger und ungerechter Weise ausgeübt wurde. Allerdings kann man schon 1772 eine Veränderung seines Charakters erkennen. Die Anfeindungen werden gemässigter und die Kritik weniger persönlich. Er erkennt sogar seinem Gegner den Vorzug zu, den er in dessen Sammlung von fast nur neuen und ungedruckten Gedichten sieht, während er sich selbst besonders nur auf Abdruck dichterischer Erzeugnisse beschränkt. Boie führte seine Redaktion nur bis 1775 fort,*) da er von diesem Jahre ab sich dem Staatsdienst widmete. Er übertrug deshalb sein Amt als Redakteur Voss, der es bis 1800 verwaltete. Dieser liess jedoch die Sammlung für das Jahr 1776 in Lauenburg und für die folgenden in Hamburg verlegen. Hierdurch einer grossen Einnahme beraubt, veranlasste der frühere Verleger Dieterich den bisherigen Mitarbeiter Göckingk, die weitere Redaktion zu übernehmen, worauf dieser auch einging. So hatte sich der erste Musenalmanach in den Göttinger und den Vossischen oder Hamburger Almanach gespalten. Aber schon im ersten Jahre erkannte Göckingk die „Superiorität" des Vossischen Almanachs über den seinigen selbst an. Nach dreijähriger Thätigkeit (1776—78) trat er seine Redaktionsleitung an Bürger ab und arbeitete von 1780 bis 1788 mit Voss zusammen. Bürger leitete von 1779 bis zu seinem Tode (1794) den Göttinger Almanach, und nun bildete sich zwischen ihm und Voss eine starke Rivalität heraus. Nach dem Tode Bürgers übernahm die Leitung K. v. Reinhard, der Freund Bürgers und nachmalige Herausgeber von dessen Gedichten. Aber nur mit Mühe führte er die Sammlung bis 1804 fort, in welchem Jahre sie wegen allgemeiner Teilnahmlosigkeit der Leser zum letzten Mal erschien. — Der Göttinger sowohl wie der Hamburger Almanach erfreuten sich bis zum Erscheinen der Schillerschen einer grossen Beliebtheit, namentlich, da alljährlich in allen Teilen Deutschlands Musenalmanache auftauchten, die mit den mittelmässigen und geschmacklosen Produkten jedes Dichterlings angefüllt

*) Den Jahrgang 1775 des Göttinger Musenalmanachs besorgte Voss als Boies Vertreter.

waren. Schon in den ersten Jahren nach dem Erscheinen der ersten Musenalmanache wurden in den verschiedensten Orten derartige Sammlungen veröffentlicht, die bald ein provinzielles Gepräge annahmen. Jedes Land, jede Provinz, ja selbst jede grössere oder bedeutendere Stadt glaubte einen solchen Almanach haben zu müssen. Da gab es einen preussischen, bayrischen, hessischen, österreichischen, schweizerischen, einen brandenburgischen, schlesischen, rheinischen, einen berlinischen, Breslauer, Münchner, Leipziger, Pressburger Almanach u. s. w. u. s. w. — —

Bald arteten auch diese Unternehmungen oft nur in Spielereien aus, wie ihre lächerlichen Titel deutlich zeigen. Wir finden solche wie: „Poetereyen Altvater Opitzen geheiligt, Breslau 1776 und 77", „Ausbund flüchtiger Poesien der Deutschen 1778", Blumen, Blümchen und Blätter, Prag 1787" und „Schlesiens Bardenopfer 1786—88". — Dazu kamen noch die verschiedensten poetischen Taschenbücher, über die man wohl mit Fug und Recht die klassische Kritik setzen kann, die Schiller speziell von dem Beckerschen in dem Xenion aussprach:

„Eine Collection von Gedichten? Eine Collecte
Nenn' es, der Armut zu Lieb' und bei der Armut gemacht".

Zum Glück hatten alle diese Blumenlesen mit Ausnahme der Wiener, die von 1776—96 erschien, kein langes Leben. Die meisten überschritten die Zahl von zwei oder drei Jahrgängen nicht, und viele tauchten nur einmal auf. Der Grund hierfür lag besonders darin, dass sich die Redaktion der meisten dieser Sammlungen in den Händen ganz unfähiger Personen befand, die sich nur durch die Aussicht auf Gewinn oder durch persönliche Eitelkeit bewegen liessen, vor die Öffentlichkeit zu treten. Dass ein Musenalmanach, wie es Boie und seine Nachfolger, wenigstens in dem ersten Jahrzehnt, streng beobachtet haben, nur die Sammlung der besten dichterischen Produkte und vor allem die ihrer Zeit enthalten solle, liessen sie ausser Acht und machten ihre Almanache zum Sammelplatz alles Geringen und Faden. Während jene nach besten Kräften das Gute der Dichtungen auswählten und veröffentlichten, den jungen

Dichtern dadurch zeigten, wonach sie streben sollten und woran
sie sich bilden konnten, nahmen diese jedwedes Musenkind, ob
es gut oder schlecht war, auf und konnten so leicht den damals
noch schwankenden und unreifen Geschmack an der Poesie
irre leiten. Vor allem aber suchten jene durch ihre eigenen
Gedichte und durch die ihrer Mitarbeiter das Publikum zu belehren, sein Urteil durch sie zu läutern und das Vergnügen an
der Poesie zu wecken. Diese hingegen verfolgten hauptsächlich
nur den Zweck, das Publikum zu belustigen, indem sie ein
Ragout von Gutem und Schlechtem ohne Wahl in ihren Blumenlesen auftischten. —

II.

Schillers Anthologie auf das Jahr 1782.

In der Anzeige, die Schiller in der Zeitschrift „Wirtem-
bergisches Repertorium" von dem durch Stäudlin veranstalteten
„Schwäbischen Musenalmanach auf das Jahr 1782" macht, beginnt er mit den Worten:*) „Bei der gegenwärtigen Mode,
Kalender zu machen, (Seuche darf ich sie doch nicht nennen,
denn man streitet, ob Krankheiten aufkommen, die die Alten
nicht schon gehabt haben, und Musenalmanache hatten sie doch
wohl nicht) bei der so empfindsamen Witterung im ganzen
Teutschland ist eine Wirtembergische Blumenlese kein Phä-
nomen mehr." Aber selbst der Schreiber dieser Anzeige konnte
sich nicht vor dieser Modekrankheit schützen. Nachdem er sich
nämlich mit Stäudlin, dem er für seinen schwäbischen Musenalmanach schon ein Gedicht geliefert, überworfen hatte, beschloss er, auf eigene Kosten eine Blumenlese herauszugeben
Er versah diese Sammlung mit dem Titel: „Anthologie auf das
Jahr 1782, gedruckt in der Buchdruckerei zu Tobolsko", und
gab weder Verleger noch Herausgeber an. Hierauf folgte zu-
nächt eine längere Widmung „Meinem Prinzipal dem Tod zugeschrieben",**) eine kraftvolle, satirische Vorrede, in der

---

*) Vgl Schillers Schriften. Herausgeg. von Goedeke. 2. Bd. S. 376 ff.
**) Vgl. Schillers Schriften. Herausgeg. von Goedecke. 1. Bd. S. 199 ff.

Schiller gegen Stäudlin, gegen die verirrte Geschmacksrichtung und gegen die verwässerte und verweichlichte Litteraturströmung in den Musenalmanachen jener Zeit derbe Ausfälle machte. Da diese Vorrede äusserst originell ist und am besten den Charakter der Anthologie wiedergiebt, sei es uns gestattet, sie an dieser Stelle wörtlich einzufügen.

Tobolsko, den 2. Februar.

Tum primum radiis gelidi incaluere Triones!

Blumen in Sibirien? — Dahinter stekt eine Schelmerey, oder die Sonne muss Front gegen Mitternacht machen. — „Und doch — wenn ihr euch auf den Kopf stelltet! Es ist nicht anders: — wir haben lange genug Zobel gefangen, lasst's uns einmal auch mit Blumen versuchen. Sind nicht schon Europäer genug zu uns Stiefsöhnen der Sonne gekommen, und durch unsern hundertjährigen Schnee gewatet, irgend ein bescheidenes Blümchen zu pflücken? Schande unsern Ahnen — wir wollen sie selbst sammeln und einen ganzen Korb voll nach Europa frankiren. — Zertretet sie nicht, ihr Söhne des milderen Himmels!

Aber im Ernst zu reden — Das eiserne Gewicht des widrigen Vorurtheils, das schwer über dem Norden brütet, von der Stelle zu räumen, forderte einen stärkeren Hebel, als den Enthusiasmus einiger wenigen, und auch ein festeres Hypomochlion, als die Schultern von zween oder drey Patrioten. Doch wenn schon auch diese Anthologie euch leckerhafte Europäer, so wenig, als — wenn ich den Fall seze — unser Musenalmanach, den wir — wenn ich ja den Fall sezen wollte — hätten können geschrieben haben, mit uns Schneemännern versöhnen wird, so bleibt ihr doch mindestens das Verdienst, Hand in Hand mit ihren Kamerädinnen im weitentlegenen Teutschland dem ausröchelnden Geschmack den G'nikfang geben zu helfen, wie wir Tobolskianer zu sprechen belieben.

Wenn eure Homere im Schlaf reden, und eure Herkules Müken mit ihren Keulen erschlagen. — Wenn jeder, der seinen bezahlten Schmerz in Leichenalexandriner auszutropfen versteht, das für eine Vocazion auf den Helikon auslegt —

wird man uns Nordländern verdenken mitunter auch in den Leyerklang der Musen zu klimpern? Eure Matadore wollen Silbergeld gemünzt haben, wenn sie ihr Brustbild auf elendes Messing prägten; — und zu Tobolsko werden die Falschmünzer aufgehangen. Zwar möcht ihr oft auch bei uns Papiergeld statt russischen Rubels finden, aber Krieg und theure Zeit entschuldigen alles.

So geh dann hin, Sibirische Anthologie — Geh — Du wirst manchen Süssling beseeligen, wirst von ihm auf den Nachttisch seiner Herzeinzigen gelegt werden, und zum Dank ihre a l a b a s t e r n e L i l i e n s c h n e e h a n d seinem zärtlichen Kuss verrathen. — Geh — du wirst in den Assembleen und Stadtvisiten manchen gähnenden Schlund der Langenweile ausfüllen, und vielleicht eine Circassienne ablösen, die sich im Platzregen der Lästerung müde gestanden hat. — Geh — du wirst die Küche mancher Kritiker berathen; sie werden dein Licht fliehen und sich gleich den Käuzlein in deinen Schatten zurückziehen. — Huh huh huh! — Schon hör ich das ohrzerfezende Geheule im unwirthbaren Forst, und hülle mich angstvoll in meinen Zobel. —" Y.

Welche Mitarbeiter Schiller bei der Anthologie gehabt hat, ist nicht mit Bestimmtheit zu sagen. Sicher jedoch war einer von ihnen sein Freund Hoven. Obgleich 24 Chiffren verzeichnet sind, ist es wohl kaum zu bezweifeln, dass die meisten Gedichte von ihm selbst stammen. In der Berlinischen Litteratur- und Theaterzeitung lesen wir am 16. Februar 1782 die Mitteilung, dass Schiller „eine neue Anthologie herausgeben wird, worin die meisten Gedichte von ihm selbst und von einem Feuer seyn werden, wie man es vom Dichter der Räuber erwarten darf.*) Und Boas schreibt: „Sie ist ein Album der Karlsakademie, in welches sich die poetischen Zöglinge eingezeichnet haben, und sie bildet mit ihrer Zügellosigkeit aller Art ein merkwürdiges Document für Schillers Jugendleben."**) Ausser seinen ersten lyrischen Ergüssen, von denen den Hauptbestandteil die Lauraoden bilden, enthält diese Sammlung

---

*) Vgl. B r a u n, Schiller und Goethe im Urteile ihrer Zeitgenossen Leipzig, 1882. Bd. I. S. 22 f.

**) Weimarisches Jahrbuch. Hannover, 1855. Bd. II. S. 298.

Gedichte, die ihn als das echte Kraftgenie der Sturm- und Drangperiode kennzeichnen, und die beweisen, dass die eben angeführten Zitate nicht zu viel von ihnen behaupteten. Die kräftigsten dieser Art waren: Bacchus im Triller, Rousseau, Kastraten und Männer, Leichenphantasie und Bauernständchen. Auch sind schon hier verschiedene scharfe Epigramme eingestreut, durch die er früh sein Talent zum Epigrammatiker zeigt, das sich später in so hohem Grade durch die Xenien im zweiten Jahrgang seines Musenalmanachs bekundet hat.

Anstatt sich durch dieses Unternehmen, wie wohl Schiller erwartet hatte, aus seiner bedrängten finanziellen Lage herauszuziehen, kam er dadurch nur noch tiefer in Schulden, da die Anthologie einen allzu geringen Absatz erfuhr. Sie erlitt dasselbe Schicksal wie sehr viele andere, dass sie nämlich nicht, weiter geführt wurde und in Vergessenheit geriet, was einerseits durch die Massenhaftigkeit der erscheinenden Musenalmanache, dann aber auch nicht zum geringsten Teil durch die Derbheit der meisten Gedichte zu erklären ist. Es waren so viel Exemplare übrig geblieben, dass der Buchhändler Joh. Benedikt Metzler in Stuttgart 1798 sie in einer neuen Titelausgabe, wobei der Autor Schiller und der Druckort Stuttgart nicht verschwiegen wurde, nochmals auf den Büchermarkt brachte. Er that dies, als er sah, welcher grossen Beliebtheit sich die Schillerschen Almanache erfreuten, in der Hoffnung, sich der zurückgebliebenen Exemplare zu entledigen.

III.

Schillers Musenalmanache und die Unterschiede zwischen ihnen und den übrigen.

Nach dem Tode Bürgers (8. Juni 1794) scheint sich Schiller um die Redaktion des Göttinger Musenalmanachs bei dem Verleger Dieterich beworben zu haben, was aus dem Antwortschreiben des Verlegers*) vom 1. August 1794 ersichtlich wird. Er bedauert in diesem Schreiben, auf den Vorschlag betreffs

---

*) Vgl. Geschäftsbriefe Schillers. Herausgeg. v. K. Goedecke. Leipzig. 1875. S. 97 f.

der Herausgabe des Göttinger Musenalmanachs nicht eingehen zu können, da er schon mit K. Reinhart kontraktlich abgeschlossen habe, obgleich er sich des Vorteils, den er durch Schillers Redaktion geniessen würde, gar wohl bewusst sei. Hierauf, oder vielleicht schon vor Dieterichs Brief, beschloss Schiller, einen eigenen Musenalmanach herauszugeben, denn es liegt uns ein fester Kontrakt mit dem Hofbuchhändler Michaelis in Neustrelitz vor, der vom 15. August datiert ist. Darin verpflichtete sich Michaelis, den von Schiller zu redigierenden Almanach alljährlich zur Michaelismesse erscheinen zu lassen. Die erste briefliche Erwähnung betreffs des Almanachs finden wir in einem Schreiben Schillers an seinen Schwager Reinwald vom 24. August, den er auffordert, ihm für den Almanach hauptsächlich komische Gedichte senden zu wollen. Dann lesen wir im Briefe vom 25. August an Matthisson: „Man ist in mich gedrungen, einen Musenalmanach herauszugeben, und ich gedenke noch zu Ende des laufenden Jahres den Anfang damit zu machen", und an Goethe schreibt er am 20. Oktober, dass der Musenalmanach künftige Michaelismesse erscheinen würde und fährt fort: „Auf Ihre Güte, die mich nicht im Stiche lassen wird, zähle ich dabei sehr. Mir ist diese Entreprise, dem Geschäfte nach, eine sehr unbedeutende Vermehrung der Last, aber für meine ökonomischen Zwecke desto glücklicher, weil ich sie auch bei einer schwachen Gesundheit fortführen und dadurch meine Unabhängigkeit sichern kann".

Durch die Schuld der Buchhandlung verzögerte sich jedoch die Herausgabe des Almanachs bis zum Januar 1796. Infolgedessen wollte Schiller nichts mehr mit Michaelis zu thun haben und wandte sich an Cotta, der den Verlag für die nächsten Jahrgänge auch bereitwilligst übernahm und die vier übrigen Jahrgänge zu den Michaelismessen erscheinen liess. Alle 5 Bände hatten das übliche Duodezformat und je einen Kupfertitel. Jedem Band gingen einige Blätter Kalender vorauf, an die sich unmittelbar die Gedichtsammlungen anschlossen, deren Stärke zwischen 247 und 318 Seiten schwankte. Wie es in manchem anderen Almanach zu finden war, liess auch Schiller wenigstens in den beiden ersten Bänden die Kompositionen einiger Gedichte als Musikbeilagen folgen.

Der letzte Band ist noch besonders mit 5 Kupferstichen ausgestattet, die verschiedene Situationen aus dem darin befindlichen Epos „Die Schwestern von Lesbos" von A. v. Imhof darstellen.

Die Namen der Autoren sind teils vollständig unter jedes Gedicht gesetzt, teils nur mit den Anfangsbuchstaben angedeutet und teils durch Chiffern im Dunkeln gelassen. Dank der Arbeit „Versuch eines Chiffernlexikons zu den Göttinger, Vossischen, Schillerschen und Schlegel-Tieckschen Musenalmanachen" von Redlich*) sind in Bezug auf den Schillerschen Almanach nur die Chiffern „A. Gr." 1799 unbekannt geblieben. Zweifelhaft ist es, ob F von 1796 K. Fischer sein soll. Die übrigen Chiffern dieses Bandes: D, E, (M. S. B.), P, Y bedeuten Herder. In dem Musenalmanach für 1797 sind G. S.: Goethe, Schiller, N. Fr.: v. Oertel, O, T, U, V, W: Herder. Für 1798 bedeutet A und F: Amalie von Imhof, B: Boie, D: Hölderlin, E. und S: Schiller, K: Keller, Louise: Louise Brachmann, R: von Brinckmann. In dem Band für 1799 verbirgt sich unter Justus Amman: Goethe; F und Louise bezeichnen dieselben Damen wie im vorhergehenden Band. Im letzten Jahrgang bedeutet wieder D, E, F: Herder und v. K: von Knebel. Von Dichtern und Dichterinnen sind in diesen Almanachen vertreten: Boie, Louise Brachmann, v. Brinckmann, Friederike Brun, Bürde, Conz, Cordes, Eschen, Goethe, Gries, Haug, Herder, Hirth, Hölderlin, W. v. Humboldt, Amalie v. Imhof, Jägle, Keller, v. Knebel, Kochem, Kosegarten, Langbein, Lappe, Lenz, Matthisson, Sophie Mereau, F. L. W. Meyer, K. L. M. Müller, Neuffer, Nöller, Fr. v. Oertel, Pfeffel, Reinwald, Schiller, A. W. Schlegel, Siegfr. Schmidt, v. Steigentesch, Thilo, Tieck, Vermehren, Woltmann.

Wenn wir nun einen Vergleich zwischen den Schillerschen Musenalmanachen und den übrigen dieser Zeit anstellen wollen, ohne auf die einzelnen Gedichte speziell einzugehen, was später unsere Aufgabe sein wird, so müssen wir, wie es bei einer solchen Leitung nicht anders zu erwarten ist, den Schillerschen

---

*) Progr. der Hamburger Höheren Bürgerschule. Michaelis 1873 bis Ostern 1875.

den ersten Rang zuerkennen. Hören wir zunächst Goethe und
Körner, die Schiller stets mit ihrem aesthetischen Urteil zur
Seite standen und sich oft brieflich über die übrigen Musenalmanache ausgesprochen haben. — Wenn sie es hauptsächlich
von dem Vossischen und dem Berliner thun, so hat es wohl
darin seinen Grund, dass diese am weitesten verbreitet waren
und noch das beste Ansehen bei dem Publikum genossen, denn
der Göttinger Musenalmanach hatte nach dem Tode Bürgers
an Güte sehr viel verloren. — — Goethe schreibt am 15. 11.
1796 an Schiller: „Vossens Almanach ist über die Massen
schlecht. Es thut mir leid für ihn und unser Verhältnis zu
ihm, denn man muss seinen Nebenbuhlern doch einigermassen
gleich sein, wenn man sie nicht hassen soll. Die Mattherzig-
keit der sämtlichen Compagnie ist unglaublich und ohne die
Paar Übersetzungen wäre beinah das Bändchen völlig leer."
Und 1799 schickt er Schiller den Vossischen Almanach dieses
Jahres mit Hinzufügung des Urteils von seinem Freund Meyer,
welches auch sicher das Seinige war, da er nichts dagegen ein-
wendet. Er schreibt: „Meyer sagt, er sähe aus, als wenn nie-
mals Poesie in der Welt gewesen wäre". Ähnlich wie Goethe
und Meyer äussert sich auch Körner am 5. 11. 1796: „Vossens
Musenalmanach ist sehr mager und selbst die eignen Arbeiten
von Voss, die Übersetzungen ausgeschlossen, bedeuten wenig,
der Ton seiner Lieder will mir gar nicht gefallen. Gewöhnlich
ist er trocken, und wo er herzlich sein will, fällt er zuweilen
ins Gemeine." Auch spricht er dann von dem Berliner Almanach,
aus dem er nur ein Gedicht von der Karschin „Der Sappho
Zuruf" als das Beste erwähnt. Ausserdem hebt er nur die
Leichtigkeit in der Versifikation der Gedichte Bindemanns hervor, die sonst weiter nichts darböten, und zum Schluss tadelt
er noch die Auswahl der Kosegartenschen Beiträge, die er für
dessen Jugendgedichte hält, und die seiner nicht würdig seien.
Auch schreibt er wieder unter dem 27. Oktober 1799, da Schiller
die Befürchtung ausgesprochen hatte, dass der Band für 1800
seines Musenalmanaches nicht viel verspräche: „Vossens Musenalmanach wird den Deinigen nicht verdunkeln, wenn Du dies-
mal auch nicht so reich wärest". — — Auch Tieck kritisiert
im Berliner Archiv 1796 und 98 verschiedene Almanache, von

denen er zwar des Göttingers noch lobend gedenkt, den Berliner
aber verspottet und in Beckers Almanach zum geselligen Vergnügen „ab und zu zu leichte Kost findet". Er spricht dem
Schillerschen Almanach grosse Vorzüge zu, die er in folgenden
Worten ausdrückt: „Es freut mich, dass ich mich bis zum
Schillerschen Almanach durchgearbeitet habe, dessen Herausgabe für jeden Freund der Dichtkunst eine angenehme Erscheinung sein muss. Sie werden hier viele Gedichte finden,
die Sie entzücken und Ihre ganze Seele ausfüllen werden. Sie
dürfen nur einige von Schiller, wie den Spruch des Confucius,
einige seiner Epigrammen, die kopthischen Lieder, oder einige
andere Gesänge von Goethe aufschlagen und werden, schon um
dieser willen, die Sammlung mit einer vorzüglichen Liebe betrachten."*) — — Wenn wir noch hinzufügen, dass ähnliche
Urteile auch von anderen Personen über die verschiedenen
Almanache ausgesprochen worden sind, und dass die Schillerschen Almanache einen grossen und schnellen Absatz fanden
(der zweite oder Xenienband wurde sogar dreimal aufgelegt),
so ergiebt es sich klar, dass diese Sammlungen die besten
waren und den ersten Platz in der Reihe der Musenalmanache
eingenommen haben.

Schiller hatte sich bei der Herausgabe seiner Gedicht-
sammlung besonders mit den Dichtern verbunden, die mit ihren
Gedichten der klassischen Dichtung nahe standen und zog neue
junge Dichter und Dichterinnen zu sich heran, von denen er
erwartete, dass sie sich an ihm und den Hauptvertretern der
damaligen Dichtkunst bilden und in ihrem Geiste weiter schaffen
würden. Er nahm im Wesentlichen nur neue und ungedruckte
Erzeugnisse an und wählte unter diesen so glücklich, dass er
nicht nur sein und Goethes klassisches Prinzip vertrat, sondern
auch dem Geschmack des Publikums einer solchen Sammlung
vollständig Genüge that. Dass hierbei bisweilen auch manche
„Figuranten", wie er sich selbst auszudrücken pflegte, passieren
mussten, ist nur allzu natürlich. „Ich darf hoffen", so schreibt
er an Körner am 31. August 1795**), „dass die eine Hälfte

---

*) Vgl. L. Tieck, Kritische Schriften. Lpzg. 1848. S. 87.
**) Das Datum nach Schillers Kalender S. 3.

unseres Musenalmanachs vortrefflich und die andere wenigstens
gut ist."

Um Voss dagegen schaarten sich meist nur Dichter
zweiten und dritten Ranges, die ihn mit ihren mattherzigen
und nichtssagenden Produktionen überhäuften, die er auch,
wenigstens in den letzten Jahren, wie es erscheinen muss, ohne
Wahl aufnahm und drucken liess. Nichts mehr war da zu
finden von dem jugendlichen Drange der Göttinger Bundesjahre,
in denen doch manches gute Gedicht entstand. Das Genie,
anstatt sich empor zu arbeiten zu dem klassischen Geiste und
sich, wie bei unsern beiden Dichterheroen, abzuklären und sich
glänzend zu entfalten, verblasst und sinkt bei den meisten
Dichtern des ehemaligen Göttinger Bundes mehr oder weniger
hinab, bis es nur Alltagsprosa in Versen zustande zu bringen
vermag. Die kraftvolle Ode, die allerdings oft gar zu sehr
das jugendliche Feuer der Haingenossen verriet, finden wir
jetzt zum gewöhnlichen Liede abgeschwächt, das schliesslich in
das trivialste Gesellschaftslied ausartete. Am besten und
treffendsten werden die Verfertiger dieser Gedichte, die sich
in den letzten Bänden des Vossischen Musenalmanachs finden,
in dem Xenion „Jupiters Kette" charakterisiert, wobei Voss
als Jupiter allzu glimpflich behandelt wird:

„Hängen auch alle Schmierer und Reimer sich an Dich,
      sie ziehen
Dich nicht hinunter, doch Du ziehst sie auch schwerlich
      hinauf."

IV.
Kurze Entwicklungsgeschichte der deutschen Lyrik im 18. Jahrhundert.

In der deutschen Lyrik des 18. Jahrhunderts kann man
zwei Hauptströmungen verfolgen, die zunächst streng geschieden
nebeneinander dahingleiten, die aber schon sehr bald konver-
gieren, bis sie sich in einzelnen Dichtern vereinigen, oder auch
wieder divergieren, bis sie zuletzt am Ende des Jahrhunderts in
Goethe und Schiller wieder vereinigt, ihre Vollendung gefunden

haben. Diese beiden Strömungen werden einerseits gebildet von der ernsten, betrachtenden oder philosophischen Lyrik, andererseits von der heiteren, anakreontischen Lebensauffassung und von der arkadischen Schäferdichtung.

Wie die hier zu besprechende Lyrik in Goethe und Schiller ihren Höhepunkt erreichte, so finden wir ihre Anfänge ebenfalls in zwei Dichtern, die als die ersten hervorragenden Gestalten dieser beiden Richtungen auftreten; nämlich Haller und Hagedorn. Wenn wir von den Vorläufern dieser Dichter hier absehen wollen, so können wir Haller als den Begründer der philosophischen Poesie und Hagedorn als den Erwecker der deutschen Anakreontik betrachten.

Wenn wir Haller als den Begründer der ernsten Dichtungsweise in unserem Zeitraum bezeichnet haben, so dürfen wir aber doch nicht ganz Brokes und Drollinger mit Stillschweigen übergehen, die vor ihm dichteten, und die im Anschluss an ihre Vorbilder, die Engländer, religiöse und philosophische Gedanken in ihre Dichtungen einflochten. Brockes lebte von 1680—1747. Sein Hauptwerk ist „Irdisches Vergnügen in Gott." Obgleich dieses Werk eine relativ reiche und farbige Sprache aufweist, so wirkt es doch ermüdend durch die breiten Naturmalereien, die noch auf einer sehr niedren Stufe der Kunst stehen, da sie sich meist auf Aufzählungen unanschaulicher Bilder beschränken. Die ganze Dichtung geht aus dem Prinzip der Utilitätsphilosophie hervor, indem sie die Liebe Gottes nur aus der Nützlichkeit der Natur beweist.

Dieselbe Geschmacksbildung finden wir bei Drollinger, der 1689 geboren und 1742 gestorben ist. Wie jener, liebt auch dieser malerische Naturschilderungen; doch ist er Brokes dichterisch teilweise überlegen. Seine Sprache zeigt schon ein gewisses Pathos; er bemüht sich, das geistliche Lied zu vertiefen und hält die Religion und das Vaterland für die würdigsten Stoffe der Poesie. Seine Hauptwerke sind Psalmennachbildungen. In den übrigen Dichtungen haben ihm Horaz, Boileau und Pope als Vorbilder gedient.

Wie Brockes und Drollinger war auch Haller (1708 bis 1777) bestrebt, die Philosophie in die Dichtkunst einzuführen, jedoch verstand er dies bei weitem besser als jene. Er ist der

erste eigentlich philosophische Dichter unseres Zeitraums und
wurde von manchen nach ihm als Muster und Vorbild für die
philosophierende Poesie betrachtet. Er hatte sich, wie er selbst
sagt, mit den englischen Dichtern bekannt gemacht und von
ihnen die Liebe zum Denken und den Vorzug der schweren
d. h. gehaltvollen Dichtung sich anzueignen gesucht. Die philosophischen Dichter, deren Grösse er bewundere, hätten in ihm
für immer das geblähte und aufgedunsene Wesen Lohensteins,
der auf Metaphern wie auf leichten Blasen schwimme, von
Grund aus verdrängt. Er legte grossen Wert auf eine glatte
Sprache, die er jedoch noch nicht ganz grammatisch rein zu
gestalten verstand. Indem er sich bemühte, seine Ausdrucksweise knapp zu fassen, drängte er Gedanken an Gedanken und
überhäufte sie so, dass er oft unverständlich und dunkel blieb.
Er wollte die Lyrik dadurch vertiefen, dass er philosophische
und didaktische Gedanken in sie hineintrug, wodurch er sich
wieder von dem Wesen der Gattung entfernte. Seine Dichtungen
haben stets das Gepräge eines tiefen Ernstes, der oft bis zur
Wehmut, ja bisweilen zur Bitterkeit herabgedrückt ist. Seine
Lieder und Elegieen sind reich an Empfindungen, die allerdings
nur einseitig in der schwermütigen Sehnsucht nach einem verloren gegangenen Ideal gipfeln. In den Lehrgedichten predigt
er Moral und Genügsamkeit und stellt Reflexionen über Religion
und ethische Maximen an, wobei er sich gar nicht oder nur
wenig über die Poeten jener Zeit erhebt. In den philosophischen
Dichtungen thut er es ihnen jedoch zuvor, indem er nicht, wie
sie, die Philosophie nur in Versen wiedergiebt, sondern auch
oft das menschliche Gefühl zu treffen versteht. In „den Alpen“,
seinem grössten und bekanntesten Werk, das in die erste Zeit
seiner dichterischen Thätigkeit fällt, hat er sich noch unzweifel-
haft von Brockes Naturschilderung beeinflussen lassen. Ergeht
sich Haller auch oft, wie jener, in anschauungslosen Bildern,
was schon Lessing tadelte, so tritt dieser Fehler im Verhältnis
zur Poesie Brockes' hier doch schon sehr stark zurück. Die
Grundstimmung der Alpen bildet, um mit Hettner*) zu reden,

---

*) Vgl. Hettner, Geschichte der deutschen Litteratur im 18. Jahr-
hundert. Braunschweig, 1893. S. 315.

die elegische Sehnsucht nach der Natur und Sitteneinfalt der weltabgeschiedenen Alpenbewohner, es ist der sentimentalische Gegensatz im Schillerschen Sinne. Haller predigt schon hier die Rousseausche Idee, die Rückkehr zur Natur, und legt in dem genannten Gedicht seine philosophische Weltanschauung nieder. Schiller schreibt über ihn in „Naive und sentimentalische Dichtung":*) „Kraft und Tiefe und ein poetischer Ernst charakterisieren ihn", wodurch er unserm Schweizer das beste und treffendste Zeugnis ausstellt.

Dicht an Haller schliessen sich nun seine Landsleute Bodmer und Breitinger an. Beide richten sich, wie er, gegen Lohenstein; sie treten ebenfalls für die Engländer und besonders für Milton ein, weisen auf Homer und Virgil hin, von denen sie ersterem den Vorzug geben und lenken die Aufmerksamkeit auf Tasso und Ariost. Sind diese Schweizer in ihren poetischen Erzeugnissen auch nicht hervorragend gewesen, so muss man ihnen doch litterarische Bedeutung zugestehen, die sie in der Entwicklung der Lyrik um die Mitte des vorigen Jahrhunderts durch ihre Kunstlehren gewannen. Sie stellen den Satz auf, dass die Poesie gleich der Malerei sei, betonen aber auch, dass der Phantasie ein grosser Spielraum gelassen werden müsse. Mit dem ersten Teil dieses Satzes begünstigen sie zwar die trockne Detailmalerei, die wir bei Brockes, Drollinger und zum Teil noch bei Haller finden; durch ihre zweite Forderung aber wollen sie auch eine Belebung derselben bewirken, wie sie uns aus den Werken Kleists und ähnlicher Dichter anmuten. Obgleich diese Schweizer das Vorherrschen des Verstandes in der Dichtung verwerfen, so verfallen sie trotzdem oft in die damals herrschende Geschmacksrichtung und geben auf diese Weise ihre philosophischen Ansichten kund. Zwei ihrer Hauptverdienste bestehen darin, dass sie Natürlichkeit der Poesie fordern und auf die Poesie des Mittelalters hinweisen.

Neben den Schweizern muss man wohl Gottscheds (1700 bis 1766) gedenken, der wegen seiner litterarischen Fehde mit ihnen hier notwendig zu nennen ist. Durch seine Ansicht, die

---

*) Vgl. Kurzsche Ausgabe von Schillers Werken. Leipzig. Bd. 7 Seite 476.

Poesie sei erlernbar, zeigt er gleich von vornherein, dass er
kein Dichter war. Zuerst stand er auf dem Standpunkt Bod-
mers und Breitingers. Er wollte wie diese Natürlichkeit in
der Poesie haben, nur dass er diesen Begriff zu nüchtern fasste.
Seine Dichtungen hatten meist ein lehrhaftes, trockenes und
moralisierendes Gepräge. Auf jedwedes Vorkommnis machte
er Gelegenheitsgedichte, die jedoch der Empfindung des wirklich
Erlebten ermangelten. Fliessen zwar hierbei seine Verse meist
glatt dahin, so wird doch dieser Vorzug immer wieder ge-
schwächt durch die häufige Anwendung von antiken und mythologischen Bildern. Seine Muster sind die Franzosen, ein Um-
stand, woraus sich hauptsächlich der Gegensatz zu den
Schweizern gebildet hat. Durch jene wird er auch zu der
Schäferdichtung veranlasst. Er gefällt sich nun in dem Besingen der Freuden des Landlebens und leitet uns so in unserer
Betrachtung hinüber zu Hagedorn, in das Lager der Anakreontiker. Wie wir Brockes und Drollinger als Vorläufer von
Haller anführten, so können wir, bevor wir näher auf Hagedorn eingehen, zunächst Günthers gedenken. Obgleich sich
schon verschiedene Dichter vor diesem in der Dichtungsweise
Anakreons versucht haben, so brauchen wir sie nicht zu erwähnen, da sie einmal ausserhalb des Rahmens unserer Darstellung stehen, dann aber auch, weil sie den Anakreontikern
allzu fern stehen, da sie in solchen Dichtungen weder die Form
noch den Inhalt des griechischen Sängers getroffen haben.
Höchstens könnte man noch Kaspar Stieler und Triller hervor-
heben, die sich über das niedere Niveau der Vorläufer der
Anakreontiker erheben.

Günther (1695 — 1723) ist entschieden der begabteste
Dichter seiner Zeit gewesen. Erinnert uns zwar seine Ausdrucksweise an die der zweiten schlesischen Schule, so ist sie
doch gemässigter und geläuterter. Er versuchte sich in allen
Dichtungsarten. In seiner Lyrik findet sich das ernste Kirchenlied sowohl wie das ausgelassenste Liebeslied und zwar beides
von wahrer und warmer Empfindung beseelt. In den Liebesliedern kommt er schon nahe an das Liebesgetändel der ihm
folgenden Anakreontiker, wenn er auch ungleich höher als sie
steht, und dichtete wie diese meist im Schäferliedstil. Da aber

seiner Muse oft der Adel der wahren Kunst mangelte, so fiel er nach seinem frühen Tode bald der Vergessenheit anheim. Erst Goethe, der die Vorzüge seiner Lyrik wohl erkannte, wies wieder auf ihn hin und brachte ihn wieder zur Anerkennung.

Gehen wir nun zu Hagedorn über (er lebte von 1708 bis 1754), so müssen wir zunächst betonen, das ihm das Epitheton „Vater der Anakreontik", das ihm so häufig beigegeben wird, im eigentlichsten Sinne nicht zukommt, da er zwar den heiteren Inhalt und die eigenartige innere Gestaltung, nicht aber die äussere Form dieser Teischen Gesänge in Deutschland eingeführt hat. Echte anakreontische Lieder nach Form und Inhalt schuf er nur drei. Es sind dies, wie Witkowski in der Schrift „die Vorläufer der anakreontischen Dichtung in Deutschland und Fr. v. Hagedorn" (Leipzig 1889) nachweist: Anakreon, Chloris, Der Traum. Anfangs scheint Hagedorn sich an Günther anschliessen und ihn nachahmen zu wollen. Auch seine Sprache ist in der ersten Zeit ähnlich der der Schlesier, Bald jedoch ist ein gewaltiger Umschwung zu bemerken, was das Studium der Engländer, Franzosen, Italiener und das der Griechen und Römer bewirkte. Er erwählt sich hauptsächlich Prior, Chaulieu und Horaz als Muster, denen er bis zu seinem Tode treu anhängt. Die Gewalt, die er über die Sprache besass, erleichterte es ihm, die gefälligen Formen der Ausländer in die deutsche Lyrik herüberzunehmen, mit denen er die Dichtkunst bedeutend zu bereichern verstand. Mit dieser leicht dahingleitenden Sprache behandelt er stets heitere Stoffe, und nur selten schlägt er einen ernsten Ton dabei an. Seine Lieder haben meist epigrammatische Fassung, aber nur die ausgesponnenen Gedanken verhindern, sie als Epigramme gelten zu lassen. Durch die Anmut, die er seiner Poesie aufzuprägen wusste, erhöhte er den Wert der Lyrik, ein Verdienst, das er sich noch ausserdem erwarb durch das Streben, das Kunstmässige mit dem Volkstümlichen zu vereinigen, worin er als Vorläufer Goethes gelten kann. Hat er auch oft den echt volkstümlichen Ton nicht zu treffen vermocht, so ist doch immer das Streben darnach deutlich zu erkennen. In seinen Naturliedern wird es jeden angenehm berühren, dass die Detail-

malerei der bisherigen Dichter nicht vorhanden ist. Das Natur-
leben ist in ihnen inniger verbunden und in einen harmonischen
Zusammenhang gebracht, wobei unser Hamburgischer Sänger
namentlich das Idyll bevorzugt Er gefällt sich daher auch
sehr in der Schäferpoesie und wird auch hierin Muster für viele
ihm folgende Dichter. Über Hagedorns ganzer Dichtkunst
schwebt eine angenehme, heitere Stimmung, die überall seinen
Optimismus bekundet. Seine Oden ertönen im Sinne der heiteren sokratischen Lebensauffassung und geben gleichzeitig
einen Widerhall der leibnizischen Theodicee.

Nachdem Hagedorn die scherzhaften Gedanken der
„petite Poésie" der Franzosen und die leichte Dichtungsweise
Priors, Gays und Wallers in Deutschland eingeführt und verbreitet hatte, war damit die Bahn der eigentlichen Anakreontik eröffnet und geebnet, die nun von einer Dichterschar unter
der Anführung von Gleim, Uz und Götz verfolgt wurde.

Gleim (1719 — 1803) hatte mit Uz und Götz ein
Dichterkränzchen gegründet, das als die Wiege der deutschen
Anakreontik angesehen werden kann. Da diese Dichter, wie
die meisten ihrer Zeit, für Verbannung des Reimes waren, und
als Gleim als den geeignetsten Inhalt reimloser Dichtungen den
jener scherzhaften Lieder der Franzosen empfohlen hatte, entstand aus diesem Kränzchen heraus sein „Versuch in scherzhaften Liedern" 1744, eine Sammlung reimloser, scherzhafter
und verliebter Lieder. Hatten die Lieder auch nicht viel
Inhalt, so erfreuten sie sich doch bald einer grossen Beliebtheit, da sie dem Geschmack der Zeit entsprachen und auch in
einer überaus glatten Sprache und in fliessenden Metren geschrieben waren. Das Wesen solcher anakreontischen Lieder
bestand hauptsächlich in kurzen, ungereimten Versen, die Liebesgetändel und das Lob des Weines besangen. Ein vortreffliches
Bild von Form und Inhalt dieser Art der Poesie giebt uns
Kästner in dem Spottgedicht:

Gedankenleere Prosa,
In ungereimten Zeilen,
In Dreiquerfingerzeilen
Von Mädchen und vom Weine,
Vom Weine und von Mädchen,

Von Küssen und vom Trinken,
Vom Trinken und von Küssen,
Und wieder Wein und Mädchen
Und nichts als Kuss und Trinken
Und immer so gekindert,
Will ich halb träumend schreiben,
Das heissen unsre Zeiten
Anakreontisch dichten.

Nach Veröffentlichung der scherzhaften Lieder erschienen in den folgenden Jahren noch Übersetzungen mehrerer Gedichte Anakreons von Götz, Uz und anderen Dichtern. Ausser diesen Nachahmungen sind noch die Oden nach Horaz von Gleim besonders zu erwähnen. Von 1756 ab wandte er sich von dieser Dichtung wieder ab und wagte den kecken Schritt, um die Worte Hettners*) zu gebrauchen, in die unmittelbare Wirklichkeit, indem er in diesem und im folgenden Jahre die Lieder eines preussischen Grenadiers dichtete, ein Schritt, der ihm von vielen und besonders von dem scharfen und gefürchteten Kritiker Lessing hohes Lob einbrachte. Ein Verdienst hat er sich auch dadurch erworben, dass er den ersten Anstoss zur Romanzendichtung in Deutschland gegeben hat, indem er die spanischen Romanzen des Gongora nach der französischen Uebersetzung Moncrifs ins Deutsche übertrug. Dann schrieb er Fabeln und Sinngedichte, verfiel aber wieder in seinen Jugendfehler, die Liebe zur anakreontischen Dichtung, von der er sich bis zu seinem hohen Alter nicht hat losmachen können, obgleich er sich da hauptsächlich nur der didaktischen Poesie widmete
    Die übrigen Anakreontiker Uz, Götz, und den jungen Lessing, die aus der Unmenge der Anakreontiker in mancher Hinsicht hervorragen, wollen wir nur noch summarisch behandeln, da sie zu dieser Gattung nichts Neues hinzugebracht, sie höchstens variiert und nüanciert haben.
    Uz (1720 — 1796) ist vor den übrigen Anakreontikern infolge seiner frischen und farbenreichen Sprache rühmend hervorzuheben. Als neu ist bei ihm die Absicht zu verzeichnen,

---

*) Vgl. Hettner, a. a. O. IV. S. 99.

die anakreontische Weltauffassung zur vollgiltigen Lebensweisheit zu erheben, was er, wie Schröter[*]) sagt, apologisiert und philosophisch begründet.

Von Götz (1721—1781) ist zu erwähnen, dass er sich besonders mit der Schäferpoesie beschäftigt und sie mit der Anakreontik durchsetzt hat.

Durch Lange (1711—1781) und Pyra (1715—1744), die Häupter der Halleschen Dichterschule, wurde diese Litteratur mit ihrer gemeinschaftlichen Sammlung von „Damons und Thirsis freundschaftlichen Liedern" bereichert, für welche die horazischen Oden deutlich als Muster gegolten haben.

Schliesslich ist noch Lessing in seinen Anfängen hierher zu rechnen. Er wendet sich wieder ausschliesslich dem Reim zu und übersetzt Anakreon in Reimen und ahmt ihn in ähnlichen Gedichten nach. Sein Beispiel, gereimte anakreontische Gedichte zu schaffen, fand Beifall und Nacheiferung. Selbst die ersten Anakreontiker, Gleim, Uz und Götz, die das Wesen dieser Dichtung gerade in den reimlosen Versen erblickten, dichteten nach Lessing vielfach in Reimen. Wenn Lessing auch in dieser Gattung nichts Besonderes geleistet und nichts Neues hinzugebracht hat, denn er bewegte sich fast in derselben Sphäre wie die übrigen Dichter, die nach dem griechischen Sänger dichteten, so ist ihm doch das Verdienst zuzuschreiben, dass das Hagedorn'sche Weinlied durch seine Behandlung zum Eigentum des Volkes geworden ist. Hiervon zeugt das im Volksmunde noch heute fortlebende Lied „Gestern Brüder, könnt Ihrs glauben, gestern kam der Tod zu mir".

In E. v. Kleists (1715—1759) Lyrik stossen die beiden Strömungen, die der anakreontischen mit der der Hallerschen ernsten und der naturmalenden Poesie zusammen Wenn ihm auch, wie er selbst sagt, Haller am nächsten gestanden hat, so verfolgt er doch auch die Bahnen Hagedorns. Er schuf philosophische wie anakreontonische Dichtungen. Allerdings ist seine Anakreontik ernster und tiefer im Gehalt, was sich aus seinem ganzen Naturell erklären lässt. Sein weiches, empfindendes

---

[*]) Adalb. Schröter, Der Entwicklungsgang der deutschen Lyrik in der ersten Hälfte des 18. Jahrhunderts. Wolmirstedt 1879. p. 83.

Gemüt, das Missvergnügen über seinen Soldatenberuf vor dem
siebenjährigen Krieg und eine unglückliche Liebe, alles das
spiegelt sich in seiner Lyrik wieder und prägt auch seiner
heiteren Dichtung einen gewissen Ernst auf. Seine Liebespoesie
ist elegisch und tief wehmütig, wovon seine ernsten Elegieen
an Wilhelmine Zeugnis ablegen. Die Sprache ist rein, bilderreich und schwungvoll. Zu seinen Vorbildern hat er sich
Milton, Pope und Thomson erwählt, was vor allem sein Hauptwerk „Der Frühling" bekundet. Hierin finden wir auch besonders das Element der Hallerschen Dichtung wieder. Wenn
sich Kleist im „Frühling" auch über die „Alpen" Hallers erhebt, namentlich durch die vielen lyrischen Partieen, die in das
Werk eingestreut sind, und dasselbe durch die wechselnden
Stimmungen belebt, so zeigt sich hier wie dort die gleiche
poetische Naturmalerei, die hier ebenfalls in einem Lobliede
des Allerhöchsten, des Schöpfers dieser Naturwunder, gipfelt.
Im „Frühling" herrscht reicher Wechsel der Bilder, die Malerei
ist anschaulicher als bei Haller, aber man vermisst auch hier
noch einen einheitlichen Gang der Handlung. Indessen ist
Kleist, um Hettners (IV, S. 103) Worte zu gebrauchen, seit
langem wieder der erste, bei welchem Leben und Dichten un-
trennbar zusammengehen.

Wie bei Kleist (1715—1759), so finden wir auch bei
Gellert (1715—1769) beide Dichtungsarten vor, wenn auch bei
ihm die Beziehungen zur Anakreontik nur noch ganz schwach
und locker sind. In der heiteren ahmt er die französiche
„petite Poésie" nach und in der ernsten ist sein Kirchenlied
hervorzuheben. Auf der einen Seite besingt er die Liebe und
Freundschaft, und auf der anderen Seite die Güte und All-
macht Gottes. Ueberall verfällt er aber in den moralisierenden,
lehrhaften Ton und seine Lyrik wird allzusehr dadurch beeinträchtigt, dass er sich viel in Reflexionen ergeht. Indessen hat
er seinen lehrhaften Fabeln doch Reize verliehen, durch die er
die gesamte Anakreontik überzeugt!

Andere Dichter jener Zeit, wie z. B. Gärtner, Giseke,
Ebert, die neben Gellert jetzt unter dem Namen „Die Verfasser
der Bremer Beiträge" bekannt sind, können wir hier übergehen,
da sie als Lyriker zu wenig Bedeutung gewonnen haben.

Höchstens wäre noch Ramler zu nennen, der uns durch seine Odenpoesie auf Klopstock überleitet, der zu dieser Dichtergruppe einige Jahre lang ebenfalls in engster Beziehung stand.

Klopstock (1724—1803) ist der eigentliche Begründer der sentimentalischen Dichtung. Seine Dichtungsart geht besonders aus der Hallers und zu einem geringen Teile auch aus der Hagedorns hervor. Die Sprache ist sowohl männlich und kräftig als auch überaus weichlich. Wie sich seine Sprache in Extremen bewegt, so kleidet er auch die Darstellung seiner Gedanken ebenso gut in plastische, konkrete, wie in rein abstrakte Bilder ein. Seine Lyrik ist entweder erhaben oder sentimental. Er hatte das Bestreben, die Kunstdichtung mit der volkstümlichen zu vereinigen, was ihm jedoch nicht ganz gelang, da die Kunst bei ihm immer die Oberhand behielt. Aber sein Verdienst ist, dass er die deutsche Art und deutsche Sitte in der Dichtung stark gefördert hat. In den Naturliedern erreicht er vollständig die Vereinigung von Natur und dem inneren Leben des Menschen, wonach Hagedorn strebte, und was er meist nur annäherungsweise erfüllte. Klopstock war ein abgesagter Feind des Reimes, denn er dichtete viel in der strengen Rhythmik der Griechen und Römer und schuf die sogenannten freien Rhythmen. Einen Hauptbestandteil seiner lyrischen Dichtung bilden die Oden. Selbst seine Lieder und Elegieen haben immer etwas odenhaftes. In den Oden sind drei Elemente, die aber zu verschiedenen Zeiten herrschend werden, zu unterscheiden: Erstens das biblische nach dem Vorbild Miltons, zweitens das antikisierende durch die Nachahmung der griechischen und römischen Klassiker, und drittens das bardische, wozu ihm Gerstenberg mit dem „Gedicht eines Scalden" angeregt hatte. In den meisten Oden tritt das biblische Element in den Vordergrund. Selbst wenn er Liebe und Freundschaft besingt, bildet immer seine tiefreligiöse Lebensanschauung die Grundstimmung und drängt alles andere zurück. Freilich geht er darin zu weit und bewirkt damit gerade das Gegenteil von dem, was er bezweckt. Anstatt zu erbauen, bewirken jetzt sehr viele seiner Gedichte oft das Gegenteil, denn er verhimmelt Erde und Menschen und verirdischt Himmel und Gott, wie Stiefel sehr richtig bemerkt Die meisten seiner Oden haben den Fehler, dass sie gar zu

abstrakt und übersinnlich gehalten sind, ihre Sprache zu
erhaben und überspannt ist. Ausserdem wird ihr Verständnis
durch die lateinische Satzbildung, durch die Häufung von un-
anschaulichen Methaphern und die gespreizte Ausdrucksweise
ungeheuer erschwert. Aber durch seine reiche Phantasie erhebt
Klopstock das Lied, das von seinen Zeitgenossen vielfach ver-
flacht worden war, und das oft nur aus Prosa in Versen bestand
zu einer Höhe, die es bis dahin noch nicht erreicht hatte. Ist
der Grundton solcher Lieder auch immer ernst und getragen,
so weiss Kloppstock doch wieder heitere Stoffe zu bearbeiten,
wie z. B. den Vorzug des Weines und die Freuden der Liebe.
Er thut es aber in einer ganz anderen Weise wie die Anakreontiker. Während sie in ihren Liedern erdachte Empfindungen
bringen, singt er nur in Tönen, die aus seinem innersten Herzen
aufsteigen und bringt so wahre Empfindungen zum Ausdruck,
wie wir z. B. in den Gedichten „Das Rosenband", „Ihr Schlummer
und „Der Rheinwein" finden. Leider hat er uns derartiges nicht
viel geschenkt. Er kehrte vielmehr zu seiner überspannten,
pathetischen Odendichtung zurück und verstieg sich schliesslich
dermassen in das Reich des Übersinnlichen, dass er von dem
Publikum kaum noch verstanden wurde. Daher konnte Lessing
sagen:

„Wer wird nicht einen Klopstock loben,
Doch wird ihn jeder lesen? Nein.
Wir wollen weniger erhoben,
Und fleissiger gelesen sein."

Blicken wir nun auf die ganze dichterische Thätigkeit
Klopstocks zurück, so finden wir, dass er sprachlich wie stoff-
lich durchaus auf den Schultern Hallers steht, wenn sich auch
einzelne anakreontische Elemente aus Hagedorns Dichtung bei
ihm verstreut zeigen. Er hat die Sprache Hallers veredelt und
zu dessen Stoffen noch neue hinzugefügt, indem er, von
innen heraus schaffend, unbekannte Tiefen des Seelenlebens er-
schliesst, fruchtbringende Gedanken und mächtige Gefühle an-
regt, was nicht zum Geringsten das Studium der Antike bewirkte. Schliesslich ist er als nationaler Dichter zu feiern, der
wie kein anderer vor ihm das deutsche Nationalgefühl erweckt
und gefördert hat.

Klopstock rief unter seinen Zeitgenossen eine grosse
Schar von Nachahmern hervor, die sich in zwei Lager scheiden
lassen. Die einen dichten nur nach der äusseren Form ihres
Vorbildes und übertreffen es noch in allen seinen Fehlern und
Mängeln und bringen so nur hochtönende, empfindungslose Oden
zustande. Die anderen hingegen suchen dessen Schwächen in
ihren Dichtungen zu vermeiden und nehmen nur seine echte
deutsche und kraftvolle Sprache an. Keiner der Nachfolger,
(vor Schiller) hat Klopstocks Kraft; auch Schubart nicht, obwohl er hoch steht. Aber wie sonderbar nehmen sich Dichter
wie E. M. Miller, Voss u. a. als „Verbesserer" Klopstocks
aus, die seine Sprache „zu der klassischen Schillerschen Ausdrucksweise läutern und veredeln helfen"! In den Odendichtungen
der ersten Gruppe sind ebenfalls die drei klopstockschen Elemente vertreten. In der Behandlung des antikisierenden Ele-
mentes tritt namentlich Ramler in den Vorgrund, der trotz seiner
äusserst prunkvollen Sprache, die aber immer nur auf Pomp und
Effekt ausgeht, sich doch grosses Verdienst hinsichtlich seiner
reinen Metrik erworben hat. Das christliche, seraphische Element vertritt Wieland in seiner Anfangsperiode, der sich infolge
seiner pietistischen Erziehung von dieser Seite Klopstocks stark
angezogen fühlte. Neben Klopstock hatte aber auch grossen
Einfluss auf die seraphischen Dichter Eberts Übersetzung von
Young's „Nachtgedanken". In der bardischen Dichtung, die
durch die Ossiangesänge hervorgerufen wurde, ergingen sich
Kretschmann und Denis allzusehr. Zu dieser Richtung, wenn
man sie im weitesten Sinne als volkstümliche, kriegerische Lieder
auffasst, kann man auch die obengenannten Kriegslieder eines
preussischen Grenadiers von Gleim rechnen, die wieder Weisses
Amazonenlieder und Lavaters Schweizerlieder nach sich zogen.

Die andere Reihe von Dichtern, die die klopstocksche Art
im guten Sinne abschwächen und sich über seine Fehler erheben, wollen wir mit Schubart beginnen, der von 1739—1791
lebte. Erinnert uns auch vielfach seine rhetorische, pathetische
Sprache an den Messiasdichter, so bemerken wir in seiner Odendichtung doch ein grösseres Masshalten im Übersinnlichen. In
den Naturliedern weist Schubart volkstümliche Elemente auf,
die wohl auch bei den Göttingern zu finden sind, aber bei Klop-

stock fehlen. In seinen Hymnen erhebt er sich durch das Gesuchte und Überschwängliche wohl kaum über Klopstock. Eine andere Richtung der Schubartschen Dichtung bildet noch das Volkstümliche, was er in seinen Bauernliedern zum Ausdruck bringt. Leider verirrt er sich aber in dem Streben, für das Volk zu dichten, zu weit. Indem er die Sprache und Denkungsart der Bauern nachzuahmen versucht, gerät er in diesen Liedern bisweilen ins Triviale. Da er aber hin und wieder trotzdem einen frischen und natürlichen Ton zu treffen versteht, so hat er sich doch einen Platz in dem Kreise der volkstümlichen Dichter erworben. Der Zug, möglichst volkstümlich zu dichten, verleitet ihn, wie alle Dichter der Sturm- und Drangperiode, zu Ausschreitungen in der Poesie, die sich hauptsächlich in der Verachtung bestehender Kunstregeln zeigten, wovon viele jugendliche, unfertige Produkte Zeugnis ablegen können.

Bevor wir zu dem Göttinger Dichterkreis übergehen, wollen wir erst Herders gedenken, der wie Klopstock auf jenen stark eingewirkt hat. Herder (1744—1803) legte den Schwerpunkt seiner Dichtung vor allem auf das Volkstümliche und betonte besonders das Musikalische des Volksliedes, in dem doch das Melodische über das Gemälde herrsche, was gerade die Wirkung dieser Gattung der Poesie erziele. Wie Bodmer wies auch er auf die altdeutsche Poesie hin, da er in ihr das Natürliche und Gemütvolle, das Naive und doch zugleich Phantastische erkannte, was er als die Hauptingredienzien der Dichtkunst betrachtete. Aber nicht nur zufrieden mit der deutschen mittelalterlichen Litteratur, erschloss er auch durch seine Übersetzungen und Nachdichtungen seinem Volke die Poesie fremder Völker und bevorzugte dabei die spanischen und orientalischen Dichtungen. Er erweiterte dadurch den Gesichtskeis seiner Zeit und brachte viele neue Stoffe in die deutsche Lyrik und gewann damit einen grossen Einfluss auf seine Zeitgenossen. Da Herder eine grosse Anzahl von Gedichten zu den Schillerschen Musenalmanachen geliefert hat, sei hier nur der Seite seiner Dichterthätigkeit gedacht, auf welche er am meisten zur Entwickelung der Lyrik beigetragen hat. Bei der Behandlung der Musenalmanache werden wir wieder auf ihn und auf seine übrige Lyrik zurückzukommen haben.

Wie sich in den vierziger Jahren des vorigen Jahrhunderts unter Gleim und Uz ein Dichterkränzchen gebildet hatte, schloss sich in den siebziger Jahren in Göttingen um Boie und Voss ein Dichterkreis zusammen, der sich der Hain nannte. Während die Anakreontiker die Freuden der Liebe und den Genuss des Weines besangen, empfahlen diese Genügsamkeit und Zufriedenheit und machten hauptsächlich die Freundschaft zum Gegenstand ihrer Muse. Sie strebten nach Natürlichkeit und Volkstümlichkeit in der Darstellung ihrer Dichtungen, erglühen vom nationalen Pathos, zu dem Klopstock sie begeistert hatte und sahen in Wieland mit seinem französierenden Geschmack den grössten Feind ihrer deutschen Art. Da aber Klopstock, der zu ihrem Bunde in Beziehung trat, auf sie stark einwirkte und seine Eigenart auf sie übertrug, verfielen sie zuweilen in dessen Übertreibungen und sie wurden in den Freundschaftsdichtungen oft allzu sentimental und überschwänglich. In der volkstümlichen Poesie dagegen verfielen sie schliesslich, um natürlich zu sein, sehr häufig in die Extreme und gerieten ins Platte.

Zu den Göttinger Dichtern, die neben den ebengenannten noch zu erwähnen wären, gehörten die Gebrüder Stolberg, Hölty und Miller. Bürger und Claudius stehen nur im äusseren Freundschaftsverhältnis zum Hain und werden nur aus diesem Grund zu ihm gerechnet.

Von den Stolbergs kann man im allgemeinen sagen, dass sie Klopstock nur äusserlich nachahmen, indem sie seine pathetische Sprache annehmen und so mit äusserem Gepränge den leeren Inhalt ihrer Poesie verbergen. In einem Brief an Schiller schreibt Körner am 5. November 1796 bei Besprechung des Voss' schen Musenalmanachs, dass Stolberg in der Cassandra wieder einmal Feuerlärm geschlagen habe, wodurch er dessen Dichtungsweise vortrefflich charakterisierte.

Höltys Dichtungen (er lebte von 1748—1776) repräsentieren namentlich die sentimentale Stimmung. Mit seinen Liedern und Elegieen, die aus reinen und lebenswarmen Empfindungen entspringen, erhebt er sich über seine Bundesgenossen. Die Ahnung seines frühen Todes ruft wohl fast in jedem Lied eine weiche Wehmut hervor.

Selbst wenn er die Freuden des Lebens oder die der Natur

besingt, kann er den elegischen Ton, der in der leisen Klage über die Vergänglichkeit der Freuden besteht, nicht ganz unterdrücken.

Claudius (1740—1815) gehört zu denen, die durch ihre Dichtungen Zufriedenheit und Genügsamkeit erwecken wollen. Dabei verfällt er aber nicht ins Moralisieren, sondern weiss immer seinen Liedern, die von Treuherzigkeit beseelt sind, einen poetischen Schwung zu bewahren. Von heiteren wie ernsten Liedern hat er uns manches Ansprechende geschenkt, das noch heute im Gesange fortklingt, wie z. B. „Bekränzt mit Laub den lieben, vollen Becher" und „Der Mond ist aufgegangen".

Der Hauptvertreter des Volkstümlichen im Hainbund ist Voss (1751—1826), der von der vaterländischen Bardendichtung Klopstocks ausgeht, aber bis zu den Bratenliedern herabsinkt. Seine Oden, in denen er Klopstock nachahmt, sind gemässigter im Ausdruck. Es bewahrte ihn vor der Überschwenglichkeit stets sein nüchterner Verstand, der allerdings auch oft bei ihm die Phantasie beeinträchtigte. die wir bei jenem so vielfach bewundern müssen, und er sank daher auch häufig auf die niedere Stufe der moralisierenden Dichter. Wie Schubart mit seinen Bauernliedern, wollte auch er Dichtungen für das Volk schaffen. Aber er verkannte durchaus das Wesen der Volkspoesie, denn er glaubte in seinen Dichtungen dem gewöhnlichsten Landbewohner verständlich werden zu müssen und hörte damit auf, poetisch zu sein. Seine Lieder in diesem Genre sind im Grunde nichts anderes als Alltagsprosa in Versen. Sie werden dadurch, dass sie populär sein sollen, platt und nüchtern. Anstatt das Publikum zu sich, zu dem höheren Standpunkt des Dichters, zu ziehen, steigt Voss zu ihm hinab, stellt sich mit ihm auf gleiche Stufe und bewirkt gerade hierdurch das Gegenteil von dem, was man von einem Dichter erwartet: er erhebt das Volk nicht aus seiner niederen Sphäre, indem er ihm in solchen Produkten etwas Höheres böte, dem es nachzueifern hätte, sondern weilt mitten unter ihm und zeigt ihm nur seines Gleichen. Ja durch seine erkünstelten Volkstümeleien sinkt er sogar unter die grosse Masse und wirkt damit nur komisch. Aber gerade durch diese Lieder erlangt er historische Bedeutung, da er in einigen den Dialekt des Landbewohners anwendet und hierdurch der Begründer der mundartlichen Dichtung wird, worin ihm Hebel mit seinen alemannischen Gedichten folgte. Wenn Voss in der Lyrik auch nichts Grosses leistete, ist er doch bedeutend in der Idyllendichtung und in der Übersetzungskunst gewesen, wodurch er vielen zum Vorbild geworden ist und seinen Namen der Nachwelt bewahrt hat.

Der bedeutendste Dichter, der mit den Göttingern in engerer Beziehung stand, ist entschieden neben Klopstock Bürger (1747 1794). Wie jener hatte auch er das Bestreben, die Volkspoesie mit der Kunstdichtung zu vereinigen. Er verwarf jedoch hierbei die Einführung von Elementen, die der deutschen Poesie fremd waren, und mit denen Klopstock seine Lyrik so gern ausstattete. Sagt er doch selbst: „Die deutsche Muse soll nicht auf gelehrte Reisen gehen, sondern hübsch zu Hause ihren Naturkatechismus lernen."*) Durch das starre Festhalten dieses seines Grundprinzips geht er wie die übrigen Volksdichter seiner Zeit manchmal zu weit und wird hie und da sogar trivial, was besonders hervortritt bei der allzu getreuen Nachahmung der Natur und ihrer Laute und bei der Vorliebe für die Anwendung des Bänkelsängertons. Auch erreicht er sein Ziel, die Kunstdichtung mit der Volksdichtung zu verschmelzen, durchaus nicht immer, denn diese beiden Dichtungsarten treten in seiner Lyrik oft getrennt nebeneinander auf.**) Er erfüllt nicht die Forderung, die Schiller in der Kritik der Bürgerschen Gedichte an einen Volksdichter stellt, dass dieser nämlich in jedem einzelnen Liede jeder Volksklasse Genugthuung verschaffen müsse. Bürger versorgt vielmehr, was Schiller an ihm mit Recht tadelt, jede Klasse mit irgend einem ihr geniessbaren Liede. Wie sein Leben wild und zerrissen war, so war auch seine Poesie oft ungestüm und ohne das Mass des dichterisch Erlaubten. Wie er selbst voller Leidenschaften war und sich zu der Gesinnung eines gereiften Mannes nicht hindurchzuringen vermochte, so war auch seine Poesie allzu leidenschaftlich, die ebenfalls noch vielfach die jugendlichen Keime verriet, obgleich sie ein grosses Dichtertalent ahnen liess.

_____

*) Vgl. Hettner a. a. O. VI, S. 298.
**) Wohl aber sind „Lenore" und insbesondere auch manche prachtvolle Liebesgedichte künstlerisch und volkstümlich zugleich.

Er dichtet ernste wie heitere Lieder, von denen Schiller letztere verwirft, die wir jedoch nicht gern missen möchten, da gerade sie oft den echten Humor zum Ausdruck bringen und entschieden auch in Beziehung auf ihre äussere Form über dem blossen Wortgeklingel der Anakreontiker stehen. Grosses Verdienst hat sich Bürger um das Sonett erworben, das seit langer Zeit vernachlässigt war und durch ihn in Deutschland wieder zur Geltung kam, wozu ihm seine fliessende Sprache und Reimfertigkeit nicht zum Geringsten verhalfen. Zuletzt bleibt noch zu erwähnen, dass er die Ballade, eine ganz neue Gattung der deutschen Dichtung, zu ihren Gunsten umbildete und bedeutsam förderte. Durch die Bekanntschaft mit Percys „Reliques of Ancient English Poetry" wurde er veranlasst, ebenfalls in seiner Sprache derartige Dichtungen nachzubilden, und wurde damit der eigentliche Begründer der deutschen Ballade. Im wesentlichen sind diese Dichtungen Charakterballaden, da in ihnen hauptsächlich Hass und Liebe in stetem Kampfe miteinander stehen, der nach der Bürgerschen Art in leidenschaftlichster Weise zum Austrag gebracht wird. Gegenüber der Schillerschen dramatischen Fassung der Ballade haben diese meist einen weit epischeren Charakter. Die Bürgersche Dichtung hat mit der sentimentalen Richtung jener Zeit gebrochen und wieder wahre, lebensfrohe Empfindung' in die Lyrik eingeführt. Ihre Sprache ist markig, wenn auch oft allzu derb; ihre Metrik ist äusserlich gefällig, die durch den wieder zur Geltung gebrachten Reim unterstützt und gehoben wird.

Kommen wir nun zum letzten Dichter dieser Periode, so können wir dessen dichterische Thätigkeit nur in grossen Zügen und andeutungsweise charakterisieren, da einerseits eine genaue Besprechung derselben nicht in den Rahmen dieses Abschnittes passen würde, und da wir andererseits später immer wieder von ihm zu sprechen haben werden. Es ist Goethe (1749 bis 1832), der lyrischste aller Lyriker, der begnadetste Dichter unserer ganzen Litteratur. Er umspannt mit seinen Dichtungen das ganze weite Feld der Lyrik. In ihnen finden wir jede Richtung vertreten, die in den Gedichten seiner Vorgänger und Zeitgenossen eingeschlagen worden war. Indem er sie aber mit seinem Genie verfolgt, bringt er sie erst recht zur Geltung, erhebt er sie durch sein strenges Masshalten in allem zu dem wahren poetischen Wert und schafft fast mit jedem Gedicht seiner Hauptperiode ein Vorbild für sämtliche Dichter und bereichert die Lyrik durch seine besondere Behandlung jeder Gattung in einer Weise, die einzig in unserer Litteraturgeschichte dasteht. In seinen Gedichten sind vertreten sowohl der Ernst wie bei Haller und Klopstock, als auch das heitere Element, das wir besonders bei den Anakreontikern gefunden haben. Aber wie ganz anders bei ihm: Während Haller seine Stimmungen in breiten Betrachtungen und Klopstock seine sentimentalen Gefühle in weitläufigen Reflexionen zum Ausdruck bringen, versteht es Goethe mit wenigen kurzen Zügen den tieftönenden Ernst eines Menschenherzens auszusprechen. In der Behandlung der heiteren Stoffe bringt er nur wahre Empfindungen, die aus dem Herzen und zu dem Herzen sprechen, und nicht wie die Anakreontiker falsche und unnatürliche Gefühle, wie er überhaupt ein Feind von allem Erborgten und Fremdartigen war. Mit Ausnahme von einigen jugendlichen Produkten, wo er noch unter dem Einfluss der vorhandenen Litteratur stand, schuf er Gedichte, die nur sein eigenes Empfinden wiedergaben, die frei waren von 'Erdachtem und Erkünsteltem. Alles, was er erlebte, sah oder dachte, wusste er so künstlerisch poetisch und doch so echt natürlich zu gestalten, dass er als Gelegenheitsdichter im edelsten Sinne betrachtet werden kann. Besonders bewundernswert ist er in seinen Liedern, in denen er eine Meisterschaft an den Tag gelegt hat, wie kein anderer, wovon ja auch die vielfachen Kompositionen dieser Lieder zeugen. In den Liedern, in denen er seine lebensfrohe und optimistische Weltanschauung bekundet, wendet er oft die gefällige Liedform Hagedorns an, die er vervollkommnete und noch ansprechender zu gestalten verstand. Unter seiner Hand wurde jedes derartige Lied ein echtes gesellschaftliches Lied. Auch wandte er sich der Volkspoesie zu und errang sich den ersten Platz unter den Dichtern dieser Art. Es ist ihm im vollsten Masse gelungen, die Kunstdichtung mit der volkstümlichen zu vereinigen und er hat uns in seinen Volksliedern die besten Muster hierfür geliefert wie z. B. Sah ein Knab' ein Röslein stehn. Bei dieser Richtung kam ihm ganz vortrefflich zu statten seine Bekanntschaft mit der altdeutschen Litteratur und mancher anderen, der orientalischen wie der occidentalischen, worauf er durch Herder hingewiesen worden war. Er benutzte deren Dichtungen so, dass er uns neue Stoffe und Motive brachte, wobei er das Fremdartige mit der deutschen Anschauung so geschickt vereinigte, dass es jedem Deutschen zugänglich und verständlich werden musste. Auf ganz dieselbe Weise verfuhr er in seiner antikisierenden Kunstdichtung. Ohne aber die griechische oder römische Eigenart zu verwischen, durchsetzte er die Produkte dieser Poesie mit deutschen Elementen und erreichte somit aufs Glücklichste das Ziel alles Humanitätsbestrebungen. Hierzu verhalf ihm nicht zum Geringsten seine Erkenntnis, dass die alten Metra mit Ausnahme des Hexameters und Pentameters nicht für unsere Sprache passend angewendet werden können, weshalb er sich auch nur mit wenigen Ausnahmen dieser Formen bediente. Wie tief er in die Antike eingedrungen war, und wie sehr er sich das Studium der Alten für seine Poesie zu Nutze gemacht hat, das zeigt das klassische Mass in Form und Inhalt und die heitere und reine Harmonie der Empfindungen der meisten seiner Gedichte. Lässt er philosophische Gedanken oder Reflexionen oder Didaktisches in die Dichtung einfliessen, so tritt dies alles zurück und hilft nur den Gedankeninhalt zu vertiefen, ohne ihn weder zu überladen oder schwerer verständlich zu machen, was den philosophierenden oder reflektierenden Dichtern vor ihm meist vorzuwerfen war.

Mit der kurzen Besprechung der Goethischen Lyrik hoffen wir gezeigt zu haben, dass Goethe den Höhepunkt in der deutschen Lyrik erreicht hat, dass er alle lyrischen Richtungen des vorigen Jahrhunderts in sich vereinigte und sie durch seine klassische Auffassung in hohem Masse veredelte.

V.

Schillers Auffassung der Lyrik.

Nachdem wir die Entwickelungsgeschichte der deutschen Lyrik des vorigen Jahrhunderts bis in die neunziger Jahre, bis zu dem Anfange der Schillerschen Musenalmanache und bis zu

Goethe hinauf verfolgt haben, wollen wir die Schillersche Lyrik etwas eingehender betrachten, da einmal seine Lyrik eine ganz eigene ist, und da andererseits Schiller als dem Herausgeber der in dieser Arbeit zu besprechenden Musenalmanache eine eingehendere Behandlung zuteil werden muss.

Wenn wir Schiller als Lyriker betrachten, dürfen wir an seine Gedichte in Beziehung auf den lyrischen Gehalt nicht den Massstab anlegen, wie an die eines echten Lyrikers. Seine Auffassung der Lyrik weicht ganz und gar von der eines solchen ab. Schiller war ein Dramatiker und fühlte sich auch weniger zur Lyrik hingezogen. Am 25. Februar 1789 schreibt er an Körner: „Das lyrische Fach, das Du mir anweist, sehe ich eher als ein Exilium, als für eine eroberte Provinz an. Es ist das Kleinlichste und Undankbarste von allem. Zuweilen ein Gedicht lasse ich mir gefallen." Aehnlich schreibt er auch noch am 14. Mai 1801 an Schlegel, indem er bedauert, ihm keine bestimmte Zusage für Beiträge zu dessen Almanach machen zu können und fährt fort: „Zu lyrischen Arbeiten gehört ein gewisser poetischer Müssiggang, den ich jetzt nicht habe." Lyrische Gedichte seiner Art schuf er in den ersten Jahren seiner Dichterlaufbahn bis 1789, worauf eine Pause bis 1794 eintrat, in der er sich nur philosophischen und historischen Studien hingab. Von 94—99 dichtete er für die Horen und seine Musenalmanache. Während er sich von vornherein mit Vorliebe den dramatischen Arbeiten widmete, wandte er sich nun von 1800 ab wesentlich nur dieser Dichtungsart zu, wenn er auch in seinen letzten Jahren noch manches herrliche Gedicht geschaffen hat. Man pflegt Schillers Dichtung als philosophische, rhetorische oder Gedankenlyrik zu bezeichnen, und jeder dieser Ausdrücke hat seine Berechtigung. Betrachten wir die drei verschiedenen Abstufungen, in denen sich Schillers Auffassung der Lyrik entwickelt, so werden wir an jeder als Charakteristikum das Gedankenlyrische, also das Philosophische oder Rhetorische mehr oder weniger erkennen können. In der ersten Periode seines Schaffens steht er naturgemäss auf der niedrigsten Stufe seiner Auffassung. Er lebt noch zu sehr unter dem Banne der von ihm gelesenen Dichter, die seiner Individualität am meisten zusagten, wie Rousseau, Petrarca, Klopstock oder

auch unter der Beeinflussung der Dichter der Sturm- und
Drangperiode. Seine Parole dieser Zeit war äusserste Natürlichkeit in vollster Leidenschaftlichkeit, worin sich die Ein-
wirkung Rousseaus und die der Stürmer und Dränger zeigt,
während Petrarca ihn zu den schwärmerischen Liebesphantasien
verleitet und Klopstock in ihm das Feierliche und Erhabene
erweckt. Am krassesten tritt das Prinzip der äussersten
Natürlichkeit in „Männerwürde" (1781) zu Tage. Das Schwärmerische, Feierliche und Erhabene finden wir in dem Laura-
cyklus aus demselben Jahre vertreten. In der ersten Periode
ist er von unreifen Weltanschauungen und ungesunden Gemüts-
stimmungen befangen, von denen er sich nicht freizumachen
sucht, sondern sie vielmehr in ungezügelter Weise in den Gedichten zum Ausdruck bringt. So zeigt sich bisweilen z. B.
sein Hang zum Düsteren und Schaurigen, was aus einem starken
Pessimismus entsprang, in der „Leichenphantasie" (1780) und
„Elegie auf den Tod eines Jünglings" (1781), in deren letzten
Strophe er die tiefste Verbitterung ausspricht:

> „Zieht dann hin, Ihr schwarzen, stummen Träger.
> Tischt auch den dem grossen Würger auf"

und dann

> „Heilig, heilig, heilig bist Du Gott
> Der Grüfte, wir verehren Dich mit Graun'".

Von Gefühlen des Hasses, besonders dem des Tyrannen-
hasses ist das Gedicht „Der Eroberer" (1781) erfüllt. In
„Rousseau" (1781) ist das Grundmotiv Verbitterung über
das ungerechte Urteil der Welt, das sich in der Verkennung
von Rousseaus Grösse bekundet. Er verherrlicht Rousseau in
den überschwenglichsten und kraftgenialischsten Ausdrücken.

Wie Schiller seine düsteren und pessimistischen Gedanken
unverhüllt, ja aufs äusserste ausgemalt in seinen Gedichten
ausspricht, so bewegt er sich auch in der Behandlung der
lichteren Seiten des Lebens in Extremen. Er verliert sich hierbei im Überschwenglichen oder doch im allzu Pathetischen,
wovon die Lauragedichte am besten Zeugnis ablegen können.
„Man muss durchaus unterschreiben, was Schiller in seiner
Selbstkritik wohl mit der Hoffnung, dass man ihm wider-
spreche, gesagt hat, diese Gedichte sind insgesamt überspannt

und von unbändiger Imagination, nicht selten Schlüpfrigkeiten mit platonischem Schwulst umschleiernd."*) Andererseits, wo er sich mässigt, geht er ins Rührselige über, wie z. B. in „An Minna" (1781). Besingt er die Freundschaft, so verliert er sich wie in seinen Liebesliedern in übertriebener Schwärmerei und ergeht sich in metaphysischen Betrachtungen wie etwa in seinen Briefen zwischen Julius und Rafael auch in dem Gedicht „Die Freundschaft" (1781). Auch in der Naturdichtung findet man diese seine pathetische, erhabene und feierliche Art zu dichten, die uns das Liebliche und Ansprechende eines wahren Naturliedes vermissen lässt. „Der Abend" („Die Sonne zeigt vollendend gleich dem Helden") (1776) ist ganz in solcher Weise gehalten und erinnert in den einzelnen Aufzählungen von Bildern noch stark an die Hallersche Dichtung. Originell, wie er den Inhalt zu gestalten sucht, ist er auch im Ausdruck. Hierbei gerät er wieder in die Extreme. Entweder er ist derb, oder, wo er poetisch werden will, wird der Ausdruck überspannt, unnatürlich und gesucht. Derb ist er im „Bauernständchen" (1781) und „Rousseau", in welch letzterem er sagt, seine Richter sind

„... in die Kluft der Wesen eingekeilet,
Wo der Affe aus dem Tierreich geilet
Und die Menschheit anhebt abzustehn."

Überpoetisch zeigt er sich in „Melancholie an Laura" (1781):

„Laura, Sonnenaufgangsglut
Brennt in deinen goldnen Blicken"

und in „Der Freundschaft":

„Schwermut wirft die bangen Thränenlasten,
Süsser von des Leidens Sturm zu rasten,
In der Liebe Busen ab".

Durch diese und ähnliche Ausdrücke und Redewendungen zeigt Schiller, wie sehr er noch in seiner Sprache unter dem Einfluss der schwülstigen Dichtung der zweiten schlesischen Schule stand.

---

*) Vgl. Hettner, a. a. O. V. S. 326.

In der ersten Periode hat Schiller die Richtung, in der das Wesen der Poesie zu suchen ist, gleichsam instinktiv gefunden. Er wusste, es ist Erhebung über das Gewöhnliche, aber er irrte sich in der Art der Erhebung, indem er sie im Abnormen und Abstrusen suchte. Näher kommt er dem Wesen der Poesie in den Gedichten, wo er jene Erhebung nicht so sehr im Abnormen sucht, als schon in dem Natürlichen, einfach Wahren und in der verklärenden Auffassung der Dinge, die er als die Spiegelbilder seiner Weltanschauung erblickte. Da er sich jedoch in den Produkten der zweiten Periode nicht immer von den oben erwähnten persönlichen Stimmungen losreissen kann, so erreicht er den Höhepunkt seiner Entwicklung erst in der dritten Periode, in der er sich endlich zur Anschauung des Universalen durchzuringen vermag. Die Auffassung der eben charakterisierten zweiten Periode klingt schon in dem 1781 verfassten Gedichte „Die Grösse der Welt" an, das in ruhigerer Stimmung wie die übrigen Gedichte dieser Zeit gehalten ist. Das Unendlichkeitsgefühl führt den Dichter hier nicht wie in ähnlichen Gedichten seines jugendlichen Schaffens zu schwärmerischen Phantasieen oder himmelstürmenden Gedanken, sondern überwältigt ihn und bringt ihn zu der Resignation:

„Kühne Seglerin Phantasie,
Wirf ein mutloses Anker hie".

Mit diesen mutlosen Versen schliesst das Gedicht, ohne den positiven Trost zu geben, den der Dichter in seiner Glanzperiode stets zu finden versteht. Ebenso kann man als Übergang zu seiner zweiten Stufe „Gruppe aus dem Tartarus" mit dem darauffolgenden „Elysium" und „Der Flüchtling" rechnen, die gleichfalls schon aus demselben Jahre wie „Die Grösse der Welt" stammen. Überschreitet er auch in diesen Dichtungen noch bisweilen das rechte Mass im Ausdruck, zeigt sich auch hier noch seine Vorliebe, durch Schilderungen Grauen zu erwecken, so weiss er doch mehr Stimmung und wahrere Gefühle hineinzulegen, so dass diese Produkte einen günstigen Gesamteindruck machen. Hierdurch bilden sie entschieden einen Fortschritt gegen die obengenannten Jugendbildungen. Die Haupterzeugnisse der zweiten Periode sind: „An die Freude" (1785),

„Die unüberwindliche Flotte" und „Resignation" (1786), „Die
Götter Griechenlands" (1788) und „Die Künstler" (1789). In
dem Gedicht „Resignation" kommt noch einmal sein alter Pessimismus zum Durchbruch, den er aber ruhiger und gemessener,
seiner jetzigen gereifteren Anschauung entsprechend, auszusprechen versteht. „In „An die Freude" feiert er die Freundschaft fast in derselben überbegeisterten Weise wie in seinem
Jugendgedicht „Die Freundschaft". Zwar erinnert dieses Lied
durch seine feurige und begeisterte Diktion an den schwärmerischen Jüngling der Lauragedichte, aber nach Form und
Inhalt ist es doch bedeutend höher zu schätzen, obgleich
Schiller später nicht viel davon wissen wollte. Der Gehalt ist
weit tiefer und ethischer, wodurch sich seine ferneren Dichtungen
stets auszeichnen und wodurch alle den ernsten Charakter erhalten haben Die übrigen genannten Gedichte entstehen infolge seiner historischen Studien. In der „unüberwindlichen
Flotte" wird uns ein rein geschichtliches Bild entrollt, während
„die Götter Griechenlands" und „die Künstler" kulturhistorische
Fragen behandeln. In letzterem Gedicht giebt der Dichter eine
kulturgeschichtliche Entwicklung der Kunst, wie im Spaziergang
eine solche der ganzen Menschheit, doch breiter und weniger
konzentriert als hier. Von den Göttern Griechenlands schreibt
D. Strauss in seinem Buch „Der alte und der neue Glaube".
(Bonn 1873). Erste Zugabe von unsern grossen Dichtern
(S. 330): „sie sind eine grossartige religionsgeschichtliche Elegie, das Wort gegen das Christentum. das von jeher dem
Humanismus auf der Seele lag, kühn und klangvoll ausgesprochen." Dass er aber das Gedicht, wie er weiter schreibt,
nicht poetisch genug findet, entspringt eben wieder aus der
ganzen Art der Schillerschen Dichtungsweise Der Inhalt seiner
Dichtungen ist allzu reich an abstrakten Gedanken und der
Ausdruck gar zu rhetorisch, wodurch die Produkte dieser Periode
noch manches vom poetischen Wert vermissen lassen.

Die höchste Staffel seines dichterischen Ruhmes erreicht
Schiller in dem letzten Jahrzehnt seines Lebens. Die Leidenschaftlichkeit, die sich in seiner zweiten Periode schon sehr
gemildert hatte, findet hier ihr richtiges künstlerisches Mass.
Der Hang zum Düsteren ist verschwunden; an seine Stelle tritt

gemessener Ernst mit vollwichtigem Inhalt und ethischem Wert, den er aus einer hohen philosophischen Weltanschauung gewonnen hat. Zeigt sich bei Gedichten der früheren Zeit im Ausdruck hie und da noch etwas über das Mass Hinausschiessendes, so sind derartige Mängel jetzt völlig überwunden. Eine Probe hiervon giebt er schon 1788 mit dem Gedicht „Einer jungen Freundin ins Stammbuch". Die Idee klingt schon hier an, die er später in „Ideal und das Leben" ausspricht: „Brechet nicht von seines Garten Frucht". Innere und äussere Form dieses Gedichtes kann wohl mit Recht als nahezu vollendet gelten. Ebenso berührt uns das Gedicht „Kampf und Ergebung" nur angenehm, da aus ihm eine wohlthuende, ernste Ruhe spricht. In den Schlussversen giebt es den Trost, den die Grösse der Welt uns noch vermissen liess:

> „Der hohe Geist, der in der Schöpfung wohnet,
> Er ist's allein, der dem Geschmack gebeut,
> Er ist's, der Edles mit dem Schönen lohnet,
> Die Schuld verzeihet in der Ewigkeit."

Von eben derselben Ruhe wird „Der Abend" (1795): „Senke strahlender Gott" getragen. Ein tiefer Ernst durchzieht das Ganze und giebt das beste Muster für die eine Art der Schillerchen Auffassung der Lyrik. Es ist im Grunde lyrisch, weicht aber von der eigentlichen Lyrik insofern ab, dass die Sprache zu volltönend, ja pathetisch erscheint, was noch durch die Fülle der tiefen Gedanken verstärkt wird. Besonders finden wir den Gedankenreichtum in seinen rein philosophischen Gedichten, oder in solchen, in denen er philosophische Gedanken wenigstens berührt, wodurch die andere Art seiner Auffassung der Lyrik sich kennzeichnet. Ein Muster hierfür bildet das „Ideal und das Leben", was er selbst für sein lyrisches Meisterwerk hielt, und das er von den Freunden nur in geweihter Stille gelesen wissen wollte. Die grösste Zahl der Gedichte dieser Periode gehört den Musenalmanachen an, weshalb später von ihnen zu sprechen sein wird. Aus all dem Gesagten können wir nun zu dem Schluss kommen, dass Schillers Auffassung der Lyrik, seiner Natur vollständig entsprechend, in der Bevorzugung der sentimentalischen Dichtung gipfelte: Erhöhung der

Empfindung durch Ideen und zwar solchen einer höheren, philosophischen und am Kulturhistorischen gebildeten Weltanschauung, wie er sie gefunden hatte durch das Studium der Alten, durch seine Geschichtsstudien und hauptsächlich durch die des Philosophen Kant. Auf diese Weise kann allerdings die Dichtung leicht allzu didaktisch sich gestalten, und nur ein Dichter wie Schiller kann diese Klippe so sicher umschiffen, was er in den zwei Sprüchen des Confucius beweist. Alles Oberflächliche oder Träumerische ist aus seiner Poesie verbannt, in der wie bei den Alten vollständige Klarheit und Durchsichtigkeit herrscht, ohne dass sie, wie es in diesem Falle bei geringeren Dichtern sehr nahe liegt, irgend welchen kalten oder frostigen Eindruck auf den Leser hinterlässt. Wie der Inhalt, so zeichnet sich auch der Ausdruck durch Klarheit und Schärfe aus, und so zeigt sich in seiner ganzen Dichtersprache das rhetorische Gepräge, was von Anfang an das Charakteristische für Schillers Dichtung bildet. Neigte sein Wesen sich auch hauptsächlich der sentimentalischen Dichtung zu, so war er doch nicht so einseitig, um den Schwerpunkt der Lyrik nur in jener allein zu suchen. Vermöge der Höhe, zu der er seinen Kunstsinn durch geniale Anlagen und durch ernstes Studium zu heben wusste, konnte er sich zeitweilig auf den Standpunkt des naiven Dichters stellen und betonte dann als Erfordernis für die Dichtung die reine, von allem persönlichen freie und die ganz von selbst sich gebende natürliche Empfindung. Dies geschah nicht nur theoretisch in seinen ästhetischen Schriften, wie besonders in der „über naive und sentimentalische Dichtung", sondern er verstand es auch selbst, dieser Forderung zu genügen, was einige ihm gelungene rein lyrische Gedichte beweisen. Als Belege hierfür können z. B. dienen „Meine Blumen" (später „Die Blumen"), „An Emma", „Der Jüngling am Bache", „Des Mädchens Klage" (aus den Piccolomini), die Lieder aus Tell und ferner das „Lied" überschriebene Gedicht: „Es tönen die Hörner von fern herüber".

Da Schiller nur eine verschwindend kleine Anzahl derartiger Gedichte geschaffen hat, so bleibt seine Poesie im Grunde doch eine Ideenpoesie, denn seine Weltanschauung ist eine ideelle Überlegenheit über die reale Welt. Obgleich Schiller seine an-

fängliche Vorliebe, seine Gedichte möglichst viel mit abstrakten
Ideen zu durchsetzen, später unterdrückte, so bleibt seine Dichtung doch immer eine schwere, ernste Gedankenlyrik. Humboldt schreibt in der Vorerinnerung seines Briefwechsels mit
Schiller*) sehr treffend: „Sein, Schillers, Genie ist auf das Engste
an das Denken, in allen seinen Höhen und Tiefen geknüpft.
Es tritt ganz eigentlich aus dem Grunde einer Intellectualität
hervor, die alles ergründend, spaltend und alles verknüpfend zu
einem Ganzen vereinen möchte. Schiller forderte von der Dichtung einen tieferen Anteil des Gedankens und unterwarf sie
strenger einer geistigen Einheit."

VI.

Schiller als Redakteur seiner Musenalmanache.

Wenn man sich nun fragt, was hat denn eigentlich Schiller,
der sich in den letzten Jahren hauptsächlich nur mit philosophischen und Geschichtsstudien beschäftigt hatte, dazu bewogen, als Redakteur eines deutschen Musenalmanachs aufzutreten,
so finden wir hierfür etwa drei Motive. Sein Haupt- und Leit-
motiv war vor allem das, seine oben geschilderte hohe Auffassung der Lyrik zu verbreiten und sie auch seinem Volke mitzu-
teilen, dass es seinen Geschmack läutere und den wahren
Dichtern auch den gebührenden Respekt zolle. Sein zweites
Motiv war, wie auch das dritte allerdings dem ersten nur unter-
geordnet, ein Organ zu besitzen, durch welches er vorzugsweise
seine eigenen Dichtungen dem grossen Publikum zugänglich
machen konnte. Hierzu kam noch drittens der Sporn, seine
pekuniär misslichen Verhältnisse dadurch aufzubessern, was er
nach seiner eigenen Meinung mit nur geringer Arbeitsvermehrung
auszuführen im Stande wäre und selbst bei geringer Gesundheit
fortzusetzen vermöge.

„Kannst Du nicht allen gefallen durch Deine That und
    Dein Kunstwerk,
Mache es wenigen recht, vielen gefallen ist schlimm."

*) Briefwechsel zwischen Schiller und W. v. Humboldt, Stuttgart,
2. Ausgabe 1876, S. 4.

Nach diesem seinen Ausspruch handelt er im Ganzen bei der Ausübung der Redaktion. Er bevorzugt in der Auswahl der ihm eingesandten Gedichte besonders die, welche seiner klassischen Auffassung entsprechen, obwohl er zu gleicher Zeit dem Geschmack der Lesewelt Rechnung trägt. Ja er bestrebt sich sogar, die Leser zu „inkommodieren". „So viel ist auch mir", schreibt er an Goethe (17. 8. 1797), „bei meinen wenigen Erfahrungen klar geworden, dass man den Leuten, im Ganzen genommen, durch die Poesie nicht wohl, hingegen recht übel machen kann, und mir däucht, wo das eine nicht zu erreichen ist, da muss man das andere einschlagen. Man muss sie incommodieren, ihnen ihre Behaglichkeit verderben, sie in Unruhe und in Erstaunen setzen. Eins von beiden, entweder als ein Genius oder als ein Gespenst muss die Poesie ihnen gegenüber stehen. Dadurch allein lernen sie an die Existenz einer Poesie glauben und bekommen Respect vor den Poeten." Wenn er aber nach diesem Grundsatze allein gehandelt hätte, so würde sein Almanach allzu Wenigen gefallen haben. Auch fand sich nur eine sehr geringe Anzahl von Dichtern, die mit ihren Erzeugnissen seinen hohen Anforderungen vollständig genügten, und er sah sich deshalb genötigt, auch dem Geschmack des grossen Publikums seinen schuldigen Tribut zu zollen. Zudem hatte ihn die kühle Aufnahme der von ihm herausgegebenen Horen, die bekanntlich neben Gedichten wissenschaftliche Aufsätze brachten, gelehrt, dass die Leserwelt noch nicht reif genug war, auf seine Intentionen einzugehen und sich daran zu erfreuen. Es war ihm klar geworden, dass das Publikum nicht mehr die Einheit des Kindergeschmackes und noch weniger die einer vollendeten Bildung habe, wie Schiller an Goethe am 15. 5. 1795 schreibt, sondern dass es in der Mitte zwischen beiden Extremen stände. Und weiter klagt er darüber, dass die damalige Zeit für Autoren, die nicht bloss Geld verdienen wollen, eine umso schlimmere, während sie für schlechte Dichter desto herrlicher sei. So wurde er gezwungen, auch Gedichte, die seinen Forderungen oft recht wenig genügten, nicht ganz aus seiner Sammlung auszuschliessen. Teils waren es persönliche Beziehungen zu den betreffenden Autoren, die ihn hierzu bewogen, teils musste er auch den Zweck der bisherigen Musenalmanache scheinbar zu erfüllen suchen, nämlich den der Unterhaltung und Zerstreuung der Leser, was jedoch seiner ursprünglichen Absicht zuwider lief. So schreibt Humboldt am 15. Aug. 1795 an Schiller: „Ich muss Sie sehr bitten, seine (d. h. F. L. W. Meyers) Beiträge, wie sie auch sein möchten, mir zu Gefallen aufzunehmen."*) Ebenso lief von Schillers Günstlingen Schmidt, Richter, Hölderlin und Gries bisweilen manches mit unter, was wohl aus dem oben genannten Grund Aufnahme fand. Goethe äussert sich z. B. über ein Gedicht von Gries in dem Brief an Schiller (14 7. 1798): „Es hat eine ganz eigene Art von Nullität. Die jungen Herren lernen Verse machen, so wie man Düten macht. Wenn sie uns aber auch darin einiges Gewürz überreichten. Ob es für den Almanach sei, weiss ich nicht. Es käme, dünkt mich, darauf an, ob Sie Platz haben, denn das Publicum, besonders das weibliche, liebt solche hohle Gefässe, um sein bischen Herz und Geist dareinspenden zu können." Wie Schiller darauf bedacht war, das Publikum mit seinem Almanach auch zu unterhalten, zeigt ein Brief an seinen Schwager Reinwald, in dem er ihm mitteilt, dass er einige von ihm eingesandte Gedichte wegen ihrer bekannten Fabeln zurücklegen müsse, da das Publikum nur mit Novitäten unterhalten sein wolle. Die Rücksichtnahme auf derartige Wünsche der Masse und dabei doch sein Bestreben, von Allem womöglich immer das Beste zu bieten, belohnte ihn auch mit dem entsprechenden Erfolg, durch den er den Nebenzweck, seine finanzielle Lage mit diesem Unternehmen aufzubessern, wirklich erreichte. Gleich nach dem Erscheinen des ersten Jahrganges wurde ihm gemeldet, dass er gute Aufnahme gefunden habe, was sich durch die grosse Nachfrage bei den Buchhändlern bekundete. Der zweite Band erfuhr bei Cotta sogar eine zweite Auflage, die allerdings, wie die Gegner Schillers wohl mit einigem Recht meinten, hauptsächlich durch die Anzüglichkeiten in den darin befindlichen Xenien hervorgerufen wurde. Aber doch sah es nach dem Erscheinen des

---

*) Vgl. Briefwechsel zwischen Schiller und W. v. Humboldt. Stuttgart 1876. S. 73. Der Grund der Bitte lag jedenfalls darin, dass Humboldt sich Meyer gegenüber verpflichtet fühlte, da dieser sich sehr um die Korrektur des ersten Musenalmanachs verdient gemacht hatte.

Jahrganges 1798, der keine Xenien bot, aus, als ob die Gegner sich getäuscht hätten, denn schon im Dezember, nach wenigen Wochen des Erscheinens dieser Sammlung, lesen wir in einem Brief Schillers an Goethe, dass Cotta die letzten 200 Exemplare „pressanterweise" von ihm fordere und dass leicht möglich ebenfalls eine zweite Auflage sich nötig machen werde. „Wir können in der That," so schreibt er, „keinen glänzenderen Triumph über die Neider davontragen, die das Glück des vorjährigen Almanachs bloss den Anzüglichkeiten in den Xenien zugeschrieben haben." Obgleich dieser Band das Beste bot, es war der Balladenalmanach, bekam er doch nicht die erhoffte neue Auflage, und Schiller verlor deshalb die Lust zum Lyrischen und empfand sogar eine Abneigung dagegen, wie er sich am 15. 8. 1798 Körner gegenüber äussert, weil ihn die Arbeit für den Almanach von dem Wallenstein ablenke. Dies und die Kälte des Publikums gegen Lyrisches, was seine nicht realisierte Hoffnung auf eine neue Auflage bekundete, bestimmten ihn dazu, den Almanach nur noch zweimal erscheinen zu lassen und sich lieber dem Drama zuzuwenden. Die anfangs von ihm so unterschätzte Arbeitslast der Redaktion hielt ihn auch so sehr von der Verwirklichung seiner Lieblingsidee, Dramen zu schaffen, ab, dass er schreibt: „Ich kann die Zeit, die mir die Redaction und mein eigener Anteil wegnimmt, zu einer höheren Thätigkeit verwenden", und so kam wirklich am Ende des folgenden Jahres der fünfte und letzte Band für das Jahr 1800 heraus. Schiller begründet das Aufgeben des Almanachs in dem Brief an Körner am 9. 8. 1799: „Wenn Du wüsstest, welch unendlichen Saccaden mich dieser Berührungspunkt (d. i. der Musenalmanach) mit 20 oder 30 Versemachern in Deutschland aussetzte, und wie schwer es hält, bei dem ungeheuren Zuströmen des Mittelmässigen und Schlechten auch nur ein Paar Bogen leidliche Arbeit zu halten, Du würdest mir Glück wünschen, dass ich diese Bürde abgeworfen. Von jetzt an Gottlob habe ich mit keinem schlechteren Poeten mehr zu thun, als ich selbst bin; und selbst um das Publikum werde ich mich nicht sonderlich mehr zu bekümmern brauchen." Auf diesen Grund hin hat nun Körner nichts mehr einzuwenden, der doch am 14. 9. 1775 es bedauerte, als es schien, dass der geplante

Almanach durch die Schuld von Michaelis nicht zu Stande kommen würde, „da es der Mühe wert sei", wie er sich ausdrückte, „einmal zu zeigen, wie ein deutscher Musenalmanach eigentlich sein soll". Und dies hat Schiller auch im vollen Mass gezeigt. In ihm vereinigen sich wohl alle Eigenschaften, die man von dem Redakteur einer solchen Sammlung erwarten muss. Besass er schon einen grossen Bekanntenkreis von Dichtern und Litteraten, so wusste er ihn unermüdlich immer noch weiter auszudehnen. Wo er Beiträge für sein Unternehmen erhoffen kann, dahin wendet er sich mit einer überraschenden Ergebenheit und Bescheidenheit und bittet mit einer ausserordentlichen Liebenswürdigkeit um Unterstützung durch Gedichte. Er unterdrückte sogar das persönliche Gefühl zu Gunsten seines Unternehmens, was am deutlichsten daraus hervorgeht, dass er selbst Gedichte von A. W. Schlegel annahm, obgleich er zuvor an Goethe geschrieben hatte, dass man auch mit diesem Schlegel brechen müsse, nachdem sich sein Bruder Friedrich so unfreundschaftlich*) benommen habe. Als echter Redakteur war er auch unermüdlich im Feilen und Verbessern der zum Druck bestimmten Produkte, wobei er aber nicht nur an seine Erzeugnisse Hand anlegte, sondern auch vielfach die anderer für seinen Zweck passend zu machen suchte. Wie peinlich er in allem war, zeigt, dass er, bevor er ein Gedicht dem Almanach zuwies, sich mit Goethe, Körner oder Humboldt meist darüber besprach, und deren Urteile erst einholte, die ihm stets mit ihrem ästhetischen Gefühl zur Seite standen. Bei der Verbesserung fremder Beiträge und bei deren Beurteilungen verfuhr er jedoch äusserst objektiv. Auf ihn kann man dasselbe Urteil anwenden, das Prutz**) über Boie als Redakteur des ersten deutschen Musenalmanachs fällt, wenn er sagt: „Immer ohne jeglichen Fanatismus und ohne Eitelkeit auf seine eigenen poetischen Leistungen, geduldig, selbst zärtlich für die unvollkommenen Anfänge jüngerer Talente."

Wie Schiller als Dichter bei der Herausgabe des Alma-

---

*) Infolge eines unbegründeten Angriffs auf die Horen gegen ihn und Goethe.
**) Vgl. Prutz, Der Göttinger Dichterbund. Leipzig 1841. S. 198.

nachs verfuhr, so richtete er ebenso scharf sein Augenmerk auf die äussere Ausstattung, eine redaktionelle Thätigkeit, die gleichfalls eine gewisse Bedeutung hat, und bewies sich auch hierbei als ebenso geschickt wie aufs peinlichste gewissenhaft. Nicht nur, dass er grossen Wert auf gutes Papier legte — er wählte selbst die für seinen Zweck passendste Sorte davon aus —, sondern er legte auch grossen Wert auf einen schönen deutlichen Druck. Die verschiedensten Druckproben liess er sich schicken, bis er dann die für seinen Zweck passenden Lettern gefunden hatte. Auch die Titelkupfer waren nach seiner Angabe gefertigt, wenn ihm auch der kunstsinnige Meyer, der Freund Goethes, mit seinem Rat treu zur Seite stand und ihm sogar die Illustrationen zum letzten Jahrgang selbst ausführte. In der Anordnung der Gedichte und in dem Gebrauch von allerlei Chiffren statt der Namen der Autoren hatte er kein besonderes Prinzip. Er bezweckte nur Mannigfaltigkeit, wie er selbst an Humboldt schreibt, und erfüllte somit bezüglich des letzteren Punktes das Verlangen des Publikums, die Proben von den verschiedensten Dichtern beisammen zu haben, was er durch diese kleine Täuschung, die übrigens sehr gebräuchlich war, erreichte. Infolge seiner grossen Vertrautheit mit dem Buchhandel wusste er sich im allgemeinen stets mit dem Verleger auf den freundschaftlichsten Fuss zu stellen. Dass er in der Wahl des ersten Verlegers des Almanachs einen Missgriff gethan hatte, lag ganz allein an dessen allzu grosser Vertrauensseligkeit. Er hatte, während er selbst fern vom Geschäft war, die Besorgung des Verlags seinem Buchhalter übergeben, der aber das Erscheinen der Sammlung so verzögerte, dass sich Schiller veranlasst sah, den Kontrakt zu lösen. Mit Michaelis Nachfolger Cotta, der überaus zuverlässig und pünktlich war, gestaltete sich das Verhältnis zwischen unserm Dichter und ihm vortrefflich, was aber nicht nur den Vorzügen Cottas, sondern auch Schillers eben erwähnten Kenntnissen im Buchhandel zuzuschreiben war. Denn da er wohl wusste, was er einem Verleger in Bezug auf die Kosten zumuten durfte, so hatte er es wohl verstanden, das Honorar für seine Redaktionsthätigkeit, sowie das für die Beträge so günstig festzusetzen, dass der Verleger wie die Mitarbeiter durchaus zufrieden ge-

stellt wurden. Infolgedessen strömten ihm so viel Gedichte zu,
dass er nie über Mangel au Mitarbeitern zu klagen hatte, wenngleich die Qualität der Beiträge ihn oftmals nicht befriedigen
konnte.

Das beste Zeugnis für seine Redaktionsthätigkeit zollte
ihm Goethe in seinen Annalen,*) wo er schreibt: „Schillers
grenzenlose Thätigkeit hatte den Gedanken eines Musenalmanachs gefasst, einer poetischen Sammlung, die jener (den
Horen), meist prosaischen, vorteilhaft zur Seite stehen könnte.
Auch hier war ihm das Zutrauen seiner Landsleute günstig.
Die guten, strebsamen Köpfe neigten sich zu ihm. Er schickte
sich übrigens trefflich zu einem solchen Redacteur. Den inneren
Wert eines Gedichtes übersah er gleich, und wenn der Verfasser sich zu weitläufig ausgethan hatte oder nicht endigen
konnte, wusste er das Überflüssige schnell auszusondern. Ich
sah ihn wohl ein Gedicht auf ein Dritteil Strophen reducieren,
wodurch es wirklich brauchbar ward, ja bedeutend.‟

Schillers Musenalmanache.

(1796—1800).

Wie sich in der Entwickelung der ganzen deutschen Lyrik
des 18. Jahrhunderts zwei Hauptströmungen, die der Anakreontik und die der schweren philosophischen Lyrik, verfolgen
liessen, was wir oben zu zeigen versuchten, finden sich auch
noch deutlich die Spuren dieser beiden Strömungen in den Gedichten der fünf Bände des Schillerschen Musenalmanachs. Wir
können am Ende des vorigen Jahrhunderts nur noch von Spuren
dieser Dichtungsarten reden, da sich einerseits die reine anakreontische Dichtung schon längst überlebt hatte und andererseits die Klopstocks und seiner Anhänger sich keiner Beliebtheit mehr erfreuten und sich von der übertriebenen pathetischen

---

*) Vgl. Goethes sämtliche Werke. Cottasche Ausg. Stuttgart 1869.
Bd. 29, S. 30.

Sprache und Darstellung einer menschlicheren und verständlicheren Poesie zugewandt hatten, wozu unsere Dichterdioskuren zu Weimar und Jena nicht zum wenigsten beigetragen hatten. Im Musenalmanach ist besonders die Lyrik und die lyrische Epik vertreten. In der folgenden Besprechung wollen wir zwei Hauptteile unterscheiden. Zunächst besprechen wir die Gedichte, die sich nur wenig von den früheren abheben, die sich im Althergebrachten bewegen und im Ganzen noch dem damaligen Geschmacke entsprechen, deren Autoren sich mehr oder weniger an die anakreontischen Dichter oder an Klopstock anlehnten. Als zweiter Teil ergiebt sich die klassische Periode, deren Hauptvertreter Schiller und Goethe sind, der wir aber auch diejenigen Dichter zurechnen müssen, welche in ihren Produkten sich den beiden Dichterheroen nähern oder ihnen nachzueifern sich bemüht haben.

— · —

I.

Vorstufe zur klassischen Dichtung.

Die Gedichte, die hierher zu rechnen sind, stehen also noch unter dem Einfluss der Anakreontiker oder zeigen eine Beeinflussung der Klopstockschen Dichtung. Inwiefern sie sich aber von diesen Vorbildern zu befreien suchen, deren Fehler zu vermeiden und sich zu dem klassischen Ideal emporzuringen bemüht waren (wenn es auch oft nur unbewusst geschah) und somit eine litterarische Bedeutung trotz ihrer Mängel und Schwächen erlangten: das alles hervorzuheben, soll unsere Aufgabe sein. Lyrisches und Lyrisch-Episches bilden in der Vorstufe wie im ganzen Almanach neben dem Epischen, das nur wenig vertreten ist, den Hauptbestandteil der Gedichte.

A. Die Lyrik.

1. Gedichte mit anakreontischen Elementen.

Sehr nahe der Anakreontik steht das Gedicht „Mein Traum"*) von Amalie von Imhof. Es scheint mehr unter den

---

*) Musenalmanach 1798, p. 19.

Einwirkungen des Verstandes als unter denen des Gefühls entstanden zu sein. Wenn es auch ein rein anakreontisches Thema
behandelt, so erhebt es sich doch über derartige Gedichte,
indem die Dichterin einige selbständige Änderungen in der
Ausführung bringt. Das alte anakreontische Thema, dass Amor
die Menschen aufsucht und sich mit ihnen neckt, findet hier
seine Verwendung. Der Liebesgott erscheint in der Gestalt
eines Vogels und fleht in einer rauhen Winternacht um Obdach.
Nach seiner Aufnahme bei einem mitleidigen Mädchen ver-
wandelt er sich in seine wahre Gestalt, beweist sich aber nicht,
wie es bei den Dichtern dieser Poesie zu geschehen pflegte,
als Schalk, der seinen Wohlthätern mit Liebesqualen lohnt.
Diese witzige Pointe benutzt die Dichterin nicht, sondern ver-
sieht Amor mit menschlichem Gefühl, so dass er seiner Gönnerin
für ihre gute That den Lohn verheisst, ihr nie mit seinen
Pfeilen zu nahen und sie vor Liebeskummer zu bewahren.

Hierher gehören auch solche Gedichte, die insofern sich
an die Anakreontik anschliessen, dass sie die dieselbe Denk-
arbeit zeigen, und, wenn auch nicht nur mit dem hergebrachten
anakreontischen Apparat, hauptsächlich auf geistreiche Fassung
(Antithese, Klimax, überhaupt auf „Witz“ im älteren Sinne)
ausgehen. Von derartigen Gedichten sind hier aufzuzählen:
„Halbe Thorheit“ (1798, 298) von Boie und „Amor, der den
Bogen spannt“ (1800, 216) von Herder, welche beide anakreontischen Witz besitzen und von epigrammatischem Aufbau
sind. Von dem Gedicht „Macht der Sinne“ (1798, 297) von
Cordes, das die Bearbeitung des Themas nach dem Prinzip der
Klimax klar zu Tage treten lässt,*) sagt Körner in seiner
Kritik**) mit Recht: „Es hat in der Anlage eine gewisse Steif-
heit und Monotonie“. Dies sind Eigenschaften, die uns meist
aus den Produkten der Dichter jener Zeit entgegentreten, die
mehr mit dem Verstand als mit dem Gefühl dichteten, unter
die auch Herder wegen vieler seiner Erzeugnisse zu rechnen ist.

In einem ähnlichen Verhältnis zur Anakreontik wie die

---

*) Vom Sehen der Geliebten bis zum Küssen und Umarmen.
**) Vgl. Schillers Briefwechsel mit Körner. Herausgeg. von Goedeke
Leipzig 1878. 2. Teil. S. 288.

ebengenannten Gedichte stehen auch die beiden Gedichte von
dem Hauptmann von Steigentesch „Widerspruch der Liebe"
(1799, 52) und Sonett" (1798, 87). Beide sind zwar in einem
lyrischeren ·Ton gehalten als die vorigen, doch gipfelt das
erstere nur in der matten Antithese, dass die Geliebte den
Kuss erst mit nein zurückweist, bald darauf aber ihn mit ja
empfängt, und in dem Sonett gebraucht der Verfasser die nur
äusserlich wirkenden rhetorischen Mittel der Dichter jener tän-
delnden Liebeslieder im Aufbau und in der Gestalt der Para-
doxa: „Und ich weinte, denn ich wurde frei" und „werde frei,
wer elend werden mag". Beide Dichtungen müssen uns aber
entschieden mehr ansprechen, da sie aus der Wirklichkeit ent-
nommene Stoffe zu bieten scheinen. In diesem wie in jenem
kann man Erlebtes als Motiv vermuten, wodurch sie die Ent-
fernung von der Anakreontik und die Annäherung zu der Goethischen Gelegenheitspoesie anzeigen.

An sie schliessen sich die Herders an, die ebenfalls zu
wahreren Empfindungen übergehen und aus Erlebtem zu schöpfen
suchen, wie: „Der Entschluss nicht zu lieben" (1797, 86) „Die
Göttergabe" (1797, 72) und „Zauberei der Töne" (1797, 115).
Dass wir diese Gedichte trotz ihrer Annäherung an die Goethische Dichtung hier in der Vorstufe erwähnen, dazu wird uns
besondere Berechtigung gegeben, wenn wir eine Parallele zwischen
dem ersteren und Goethes „Neue Liebe, neues Leben" ziehen,
was im Inhalt mit jenem manches Gemeinsame hat; denn in
beiden soll der Kampf zwischen dem Entschluss, nicht zu lieben
und der neuen Versuchung, diesen Entschluss umzustossen. dargestellt werden. Ein echter Anakreontiker würde das Gedicht
auf die Schlauheit Amors in der Verführungskunst gegenüber
der Schwachheit des liebenden Menschenherzens pointiert haben,
was bei Herder in der letzten Strophe zwar auch, aber nur als
Nebenmotiv verwendet wird, obwohl Amor schon in den beiden
ersten Strophen eingeführt ist. Herder aber fühlte, dass der
seelische Kampf des Liebenden, der der Niederlage vorangeht,
mindestens zur gleichen Geltung kommen müsse und schenkt
daher diesem grössere Aufmerksamkeit, wenngleich er ihn auch
längst nicht so wirksam wie Goethe zum Ausdruck zu bringen
versteht. Vier Momente sind in dem Gedicht zu unterscheiden.

4*

1. Der Entschluss nicht zu lieben; 2. das Wiedererscheinen der
Geliebten mit ihren Reizen; 3. das Festhalten am Vorsatz,
indem er ins Gedächtnis zurückgerufen wird und 4. der Sieg
der Liebe. Aber es gelingt ihm nicht, gerade die Haupt-
momente 2 und 3 mit den nötigen vollen und warmen Gefühlen
zu beleben. Für 2 bringt er nur die bisher üblichen nüchternen
Formeln, und bei 3 erhebt er sich nicht über das matte: „Un-
selig Herz, ich lieb, ich liebe nie". Weit besser weiss dagegen
Goethe diese Momente zu beleben: für 2 z. B. gebraucht er die
schlichten und dadurch so gewinnenden Worte, „das liebe,
lose Mädchen" und vorher

> „Fesselt Dich die Jugendblüte
> Diese liebliche Gestalt,
> Dieser Blick voll Treu und Güte
> Mit unendlicher Gewalt" —

für 3

> „[Hält] mich so wider Willen fest.
> Muss in ihrem Zauberkreise
> Leben nun auf ihre Weise.
> Die Verändrung, ach wie gross,
> Liebe, Liebe, lass mich los "

Auch im Anfang trifft er schon den gleichen Ton in

> „Herz, mein Herz, was soll das geben,
> Was bedränget Dich so sehr?
> Welch ein fremdes, neues Leben,
> Ach, ich kenne Dich nicht mehr."

Auch den Hauptgedanken der Anakreontik, die Aufforderung zum Lebensgenuss, finden wir noch in einzelnen Gedichten des Musenalmanachs vertreten, z. B. in Hirths „Lebensgenuss" (1799, 74). Allerdings ergeht hier die Aufforderung
des Geniessens nicht wie früher in einem heiteren und ausge-
lassenen Tone, sondern es treten dafür weiche, zum Herzen
sprechende Empfindungen ein. Das Gedicht ist nach der wehmütigen Art Höltys verfasst wie etwa sein

> „Rosen auf den Weg gestreut
> Und des Harms vergessen".

Auch das anakreonische Freundschaftsmotiv wird jetzt in ähnlicher Weise behandelt. An Stelle der frischen Freundschaftsergüsse treten schwärmerische und übertrieben sentimentale Empfindungen, wie sie bei den Dichtern des Hains grossgezogen worden waren. Hierzu kann Reinwalds „Der Freund" (1796, 172) als Beispiel dienen.

So zeigt der soeben besprochene Dichterkreis, wie er sich zwar noch nicht ganz von dem üblichen Apparat der Anakreontik losmachen kann, aber doch schon den Weg aufwärts zum lyrischen Ideal Goethes begonnen hat.

Die gleiche Erscheinung, dass die Lyrik noch in manchem am Alten haftete, findet sich im Musenalmanach auch in Bezug auf die zweite zu besprechende Richtung: die der Nachahmung Klopstocks, welche schliesslich auf Schiller führt.

2. Gedichte, die an Klopstocks Dichtung erinnern.

In Hallers lyrischen Gedichten finden wir fast nur Ge-danken über Empfindungen, in Schillers Lyrik dagegen reine Gedanken-Ideen, wobei das Gefühlserlebnis gar nicht vorhanden zu sein braucht. Zwischen beiden steht Klopstock. Er will für Ideen begeistern, indem er die Empfindungen dafür schon von vornherein giebt, während es nötig wäre, die Idee statt nur hie und da zwischen den Gefühlseinzelheiten andeutungsweise, in ihrem ganzen Umfang zu entwickeln und klarzustellen. Letzteres thut Schiller im „Spaziergang". Er knüpft an ein konkretes Erlebnis an, was am wirksamsten ist und entwickelt seine Ideen und zwar so, dass sie gleichsam in dem Leser selbst zu entstehen scheinen. Gerade aus diesem Grunde ist ihm auch die Mitempfindung des Lesers sicher. Klopstock aber ist der Ansicht, durch Ausdrücke der Empfindung den Leser für die Idee zu gewinnen; er lässt sie sich nicht in ihm selbst entwickeln, sondern drängt ihm seine eigene gewaltsam auf. Er ist dabei bemüht, die Empfindung recht voll zu geben, was er schon in der äusseren Form zum Ausdruck zu bringen sucht; daher seine vielen Apostrophen, die gesuchten Bilder, seine neuen Wortbildungen und die zahlreichen antiken Redewendungen, wodurch er wohl seine poetisch gesteigerten Empfindungen ausspricht, aber doch nicht immer dieselben bei einem unbefangenen Hörer zu erwecken versteht.

Die Gedichte des Musenalmanachs, die das Gepräge einer Nachahmung Klopstocks tragen, bilden verschiedene Stufen, die von Klopstock zu Schiller überleiten. Die erste Stufe wird von solchen Gedichten repräsentiert, in denen das Gefühl nicht mehr so weit in den Vordergrund tritt, und bei denen dies auch nicht mehr so überschwenglich ausgesprochen wird wie bei dem Messias-dichter. Aber auch die Idee ist in ihnen noch nicht zur poetischen, d. h. reinen, geworden wie bei Schiller, sondern steckt noch mehr oder weniger im Realen, Konkreten oder gar noch im Alltäg-lichen. Dieses findet seine Bestätigung in dem Gedicht „Am 30. März 1798" (1799, 188 von dem Unbekannten A. Gr.). Die Gefühle, die hier ausgesprochen werden, erinnern an das Klop-stocksche Übermass nur noch durch die drastischen Bilder:

> „Wann Geniuskraft des Jünglings Adern schwellt,
> Und ihm für Freiheit und Recht den Laut beseelt,
> Dann haucht sein Gift der Herrschenden Todesfrost,
> Über des Genius Glutgedanken."

Auch der Rhythmus und die Wortstellung trägt nicht zum wenigsten dazu bei, die Erinnerung an die Dichtart des ver-mutlichen Vorbildes in uns wachzurufen, obgleich das Gleichnis aus der Natur in den Anfangsstrophen schon bei weitem ge-mässigter ist. Der Dichter erhebt sich zwar in der Ausführung des Ganzen über das konkrete Erlebnis (etwa, dass irgend ein geniales Werk verboten wurde) zu dem schon allgemeineren Gedanken: „der Genius kann sich nicht entfalten vor der Macht des nüchternen Verstandes der Herrschenden", aber dieser Ge-danke ist noch kein rein ethischer, so dass er auf poetische Be-deutung im Schillerschen Sinne Anspruch machen könnte. Hätte der Verfasser vielleicht dafür den Kampf der Idee mit der Materie zur Darstellung gebracht, so hätte dies den Schiller-schen Begriffen von einer poetischen Ausführung eher entsprochen. Trotz des schönen Naturgleichnisses und trotz des poetischen Ausdruckes mancher guten Gedanken wird hier dennoch der poetischen Forderung noch nicht voll Genüge gethan. In „Dem Hain der Eumeniden" (1796, 183), „Die Musen" (1797, 42) und in „An die Muse" (1799, 135) — alle drei von Conz — findet man ebenfalls diese Dichtungsweise. Das erste Gedicht erinnert noch stark durch das Versmass und durch die Einkleidung an die antikisierende Manier Klopstocks. Hinsichtlich der Darstellung der Idee merkt man noch zu sehr die Herrschaft des Gedankens: die Gewissensbisse verfolgen den Menschen überall. Man fühlt noch zu sehr, dass diese Idee, die ausserdem schon sehr verbraucht war, die eigentliche Anregung zu dem Gedichte gewesen ist

„An die Muse" zeigt zwar Wärme, wie Körner an Schiller schreibt, aber es ist doch mehr gedacht als gefühlt, obgleich der Gedanke sich nicht viel über das Alltägliche erhebt, welch letzteres gleichfalls von den „Musen" gelten kann.

Von anderen Dichtern sind noch hier einzureihen Herder mit seinem „Nacht und Tag" (1796, 68), das eine Art Gebet in ruhiger Bewegung ist, und mit seinem „Die Farbengebung" (1796, 177), eine sinnige Auffassung eines Gemäldes der Angelika Kaufmann, also nur eine Idealisierung eines Gegenstandes der Kunst, wie das Gedicht der Louise Brachmann „Guidos Aurora" (1798, 186), und das von Gries „Das Plätzchen im Walde" (1799, 170). Durch seine Weichheit sowohl als durch den melodischen Klang erinnert dieses Gedicht an die Art, wie die Haindichter Klopstock variiert haben. Auch die „Rückkehr nach Schwarzburg" (1800, 233) von demselben Verfasser können wir hier erwähnen, wo er an den idyllischen Frieden im Waldhüttchen die Betrachtung über die Kürze des Lebens und den Wechsel des Schicksals anknüpft. Es ist ein ähnlicher Prozess wie im Spaziergange, bei welchem sich die Gedanken aus den Eindrücken der Natur entwickeln. Aber bei Gries vermissen wir die poetische, erhebende Ideengewalt Schillers, da sein Gedankenflug ein allzu niedriger ist, der ihn nicht aus der weichen und sentimentalen Stimmung, wie sie bei den Haindichtern herrschte, empor zu den lichten Höhen eines Schillerschen Geistes zu tragen vermochte. In dieser weichen empfindsamen Dichtungsart sind die Gedichte von Matthisson „Die Schatten" (1799, 143), an „Die frühen Gräber" Klopstocks anklingend, „Tibur" (1799, 25) — horazisch im Empfinden und in der Form —, „Weissagung" (1799, 38) und endlich sein schwächstes Gedicht „Trost des Edlen" (1798, 158), was einer versifizierten Predigt gleicht und wovon Körner an Schiller schreibt, dass trotz der poetischen Phrasen, mit denen der Anfang durchspickt sei, im Ganzen ein tötender Frost herrsche.

Schliesslich sind noch zu nennen von Bürde „Genuss des Vergangenen" (1799, 223), von K. L. M. Müller „An Julius" (1798, 259), von Siegfr. Schmidt „Götterhilfe" (1798, 256), von v. Steigentesch „Erinnerung" (1799, 34) und endlich von Vermehren „Armut der Sprache" (1799, 149).

Die andere Gruppe von Gedichten, die zwar an Klopstock erinnern, aber doch schon mehr zu Schiller überleiten, ist die, in denen die Idee aus der Klopstockschen Welt des Überspannten mehr in die Sphäre des Ethischen und Ästhetischen gerückt ist, in denen aber das Gefühl noch allzu sehr hervortritt und damit also auch noch nicht die Schillersche Art ganz erreicht ist.

Die „Abendphantasie nach einem schwülen Sommertage" (1796, 25) von Conz ist ein situationsreiches, stimmungsvolles Gedicht. Die letzte Strophe bringt die Feier der „urreinen Schönheit". Aber dadurch, dass der Dichter sich selbst allzu sehr vom eigenen Gefühl überwältigen lässt, wird seine Darstellung zu einer unnatürlichen Schwärmerei, die der Schiller-Plastik oft entbehrt. Auch zeigt sich hier das Prinzip Klopstocks, das Gefühl und die Stimmung schon durch die äussere wie innere Form besonders zu erheben, nämlich in der Anwendung des antiken Versmasses und der antiken Bilder. Den Höhepunkt dieser Antikisierung bildet die Opferspende an Mond und Wasser. In L. Tiecks „Kunst und Liebe" (1799, 36) kann gleichfalls jener Übergang zu Schillers erhabener, aber doch gemässigter Stimmung konstatiert werden. Nur in einigen gesteigerten Ausdrücken und gesuchten Bildern müssen wir beim Lesen an unsern seraphischen Dichter denken, z. B. bei der Strophe:

„Dass ich gleich dem Trunkenen fröhlich taumle,
Sonnengeblendet,
Ach und in schönerm Wahnsinn fliegt mir selber,
Kunst mit allen den Meistern traumgleich abwärts,
Und in einsam glänzendem Äther bleibt nur
Ich und die Liebe."

Zur dritten Abstufung in dieser Reihe wollen wir die Gedichte zählen, die menschlich natürlichere Gefühle zum Ausdruck bringen, die aber trotzdem Klopstocks feierliche Stimmung zu gewinnen suchen; von dieser Art sind S. Schmidts „Frühlingsspaziergang" (1798, 155) und „Täuschung" (1798, 304). Die überwältigende Frühlingsfreude, wie sie Goethe im „Frühzeitigen Frühling" zu dem Ausruf veranlasst: „Helfet Ihr Musen tragen das Glück" klingt bei Schmidt ähnlich an in den Versen des erstgenannten Gedichts:

„Drängt nicht alle so mächtig auf einmal, gewaltige Götter,
Aus der verjüngten Natur auf das verjüngte Gemüt."

Aber das natürliche Gefühl erhebt sich auch in Klopstockscher Weise und nimmt eine geschraubte Form an:

„Schwebet nur immer, Sylphiden, mich zieht noch ein anderer nach Euch hin,
Und aus der Cyanus Kron' winkt mir ein anderer Gott.
Fasste den Menschen so frohes Erzittern im Leben des Frühlings,
War es nicht höhere Macht, was in dem Frühling ihm lebt?"

Mit Recht tadelt Körner an diesem Gedicht im Briefwechsel mit Schiller: „Als Ausdruck einer Empfindung ist er (der Aufruf) seiner Kürze ungeachtet, noch zu gedehnt, da immer derselbe Gedanke wiederholt wird."

Noch deutlicher tritt diese Ähnlichkeit mit diesem Dichter in der „Täuschung" zu Tage. Das Gedicht knüpft an das reale Erlebnis einer mehrfach getäuschten Hoffnung auf Gegenliebe an, es hat das Motiv, die Sehnsucht geliebt zu werden, gemein mit Klopstocks „Die zukünftige Geliebte" und wendet sich wie dieses an ein höheres Wesen.

Gedankenverwandtschaft besteht zwischen Schmidts

„Ist es ein feindlicher Gott, der goss das heilige Feuer,
Mir in das glühende Herz, dass es sich einsam verglüh?"

und Klopstocks:

„Ach warum, o Natur, warum, unzärtliche Mutter,
Gabest Du zum Gefühl mir ein zu biegsames Herz,

Und in das biegsame Herz die unbezwingliche Liebe,
Dauernd verlangend, und, ach, keine Geliebte dazu?,

ferner Schmidts:

„Wirst Du immer mich täuschen? soll nie die Freundin ich
finden,
Die sich in Träumen der Nacht, spiegelt in Bildern des Tags?"

und Klopstock sagt der gedachten Geliebten:

„— — (wenn anders zu meinen Thränen
Einst das Schicksal erweicht eine Geliebte mir giebt)
Oft um Mitternacht wehklagt die bebende Lippe,
Dass, die ich liebe, Du mir immer unsichtbar noch bist.
Oft um Mitternacht streckt sich mein zitternder Arm aus,
Und umfasst ein Bild, ach, das Deine vielleicht."

Endlich ist noch ein Abweichen von jener pathetischen,
odenhaften Dichtung zu bemerken, was dadurch bewirkt wird,
dass das Gefühl an Überschwenglichkeit verliert und in weichen,
wehmütigen Tönen ausklingt, wie man es bei den Dichtern des
Göttinger Bundes findet.

Hierher gehören die Gedichte von Thilo „Das Grab"
(1799, 206) und „An Mignon" (1799, 235). Sie haben beide
das Charakteristikum der Haindichtungen: Weichheit in der
Sprache und elegische Wehmut in der Stimmung. Von dem
letzteren schreibt Körner an Schiller, dass die Schwermut darin
zu wenig Individuelles habe und dass die Trauerstimmung zu
wenig persönliche Motivierung enthalte, ein Fehler, der überhaupt dieser ganzen Richtung (scil. Haindichtung) zur Last gelegt werden muss.

In ähnlichem Ton sind auch „Die Locken der Mägdlein"
(1799, 75) von Friederike Brun gehalten. Zwar ist das Gedicht
in feierlich antiker Einkleidung verfasst. Die Mutter bringt
die Locken ihres Kindes der Hebe zum Opfer dar und knüpft
daran die Bitte um Segen für das Kind, — doch ist die Stimmung ganz nach Art jener Zeit, d. h. weich, wehmütig und
sentimental. —

3. Die Naturdichtungen.

Eine andere Dichtungsart wie die beiden besprochenen ist die Naturdichtung. Sie bietet nichts so Spezifisches, wie etwa die Anakreonteen oder die eigenartige Klopstocksche Dichtung. Sie steht neben ihnen oder ist auch schon in ihnen vorhanden, denn die Anakreontiker geben oft, wenn auch nur mit wenigen, kurzen Pinselstrichen manches kleine, heitere Naturbild, und Klopstock liebt es ganz besonders, in der Natur zu schwärmen und an der Hand derselben seine Empfindungen zum Ausdruck zu bringen.

Hat Haller die Naturbeschreibungen in seinen Gedichten nur als Mittel zu dem Zweck, die Ideen resp. Empfindungen darzustellen, angesehen, was Hirzel*) näher ausführt, so finden wir in Matthissons Naturdichtungen gerade das Gegenteil. Bei ihm ist die Natur der Zweck der Darstellung und die Idee resp. Empfindung das Mittel, die Naturbeschreibung interessant zu machen. Zwischen beiden steht Kleist, der verwandt mit Haller ist, insofern er auch Ideen an die Natur knüpft, aber er entfernt sich von ihm, indem er die Natur auch um der Natur willen darstellt und zwar als Symbol der Ideen. So ist er wiederum verwandt mit Matthisson umsomehr, als er die Natur zum Symbol auch von Empfindungen zu gestalten versteht.

Gedichte, in denen Naturschilderungen nur als Mittel zum Zweck der Ideen resp. Empfindungsdarstellung verwendet werden, haben zum Musenalmanach Conz, Matthisson und Nöller geliefert. Von diesem Gesichtspunkt aus ist des ersteren „Abendphantasie" (1798, 117) zu betrachten. Wenn sich auch Körner über dieses Gedicht Schiller gegenüber äussert, dass in ihm Gedanken und Gefühle in einer trockenen Allgemeinheit vorgetragen seien, so können wir doch eine gewisse Einheit der

---

*) Vgl. Hirzel, Hallers Gedichte, Seite 70: „Haller hat die schönen Bilder des Menschenlebens in seiner Dichtung vom Standpunkte der Kulturfeindlichkeit aus entworfen Fern lag es ihm, in seinen Gedichten nur eine poetische Beschreibung der Naturschönheit des Alpenlandes zu geben. Der Schwerpunkt der „Alpen" liegt nicht in den Naturbeschreibungen. Er liegt in den Schilderungen des einfachen, genügsamen und glücklichen Menschenlebens in den Alpen. Er liegt in den teils in diesen Schilderungen eingehüllten, teils ganz direkt ausgesprochenen Gedanken."

Stimmung nicht verkennen und müssen ihm auch den Vorzug zugestehen, dass die Naturdarstellung mit der Empfindung eng verbunden ist. Der Fehler besteht hauptsächlich darin, dass Conz Empfindungen im Übermass ausspricht, anstatt sie beim Leser selbst entwickeln zu lassen.

In „Den neuen Argonauten" (1800, 211) von Matthisson tritt die Natur so zurück, dass man nur ahnen kann, dass sie (nämlich der Anblick des Meeres) die Anregung zu der Idee des Gedichtes gegeben hat. Die Natur ist hier nur Mittel zum Zweck, entgegengesetzt zu des Verfassers meisten Dichtungen, und deshalb steht das Gedicht auch nicht auf der Höhe seiner früheren Schöpfungen, über die sich Schiller in der bekannten Rezension so lobend ausspricht.

Sich anschliessend an „Die neuen Argonauten" wäre noch „Die Schiffende" von Nöller (1799, 171) zu nennen. Wenn Nöller auch bei weitem an Gedanken ärmer als Matthisson ist, so hat er doch mit dessen Argonauten das gemeinsam, dass er die Naturschilderung zur Hebung der ganzen Situation verwendet. Denn die Naturschilderung dient ihm nur zum Zwecke, das Bild der herannahenden Geliebten zu verschönen und interessant zu machen.

Die andere Art der Naturdichtung ist die, in der die Natur nur der Zweck der Darstellung ist, die also die Natur nur um ihrer selbst willen besingen will. Derartige Gedichte zerfallen wieder im Musenalmanach erstens in solche, in denen die Natur nur in der Mannigfaltigkeit ihrer realen Bilder wirkt, die gleichsam in photographischer Wiedergabe sich ohne viel Empfindungsgehalt aneinander reihen, und zweitens in solche, in denen die Natur als Mannigfaltigkeit idealer oder empfundener Bilder entweder in bunter Folge oder auch einheitlich angeschaut wird.

Zu der ersten Art hat Fr. Brun „Das Lied auf dem Rigiberge" (1799, 181) und „Terracina" (1798, 294) geliefert. In dem „Lied auf dem Rigiberge" ist die Natur zwar wirklich dargestellt, aber nicht wahr, wie es Schiller in der Rezension der Gedichte Matthissons*) von einem Naturliede verlangt, indem

---

*) Vgl. Schillers Werke. Herausg. von Heinr. Kurz. 8. Bd. p. 653.

die Dichterin „das Spiel unserer Einbildungskraft durch keine —
oder doch nur sehr wenig — innere Notwendigkeit lenken kann,
sondern durch eine äussere und dann ist es nicht mehr", wie
Schiller sagt: „unsere Wirkung". Auch die weitere Forderung
Schillers von einer Naturdichtung, dass die Naturdarstellung
Symbol von Empfindungen oder Ideen sein solle, erfüllt sie
nicht. Sie vermag hier den Leser nicht für ihre eigenen
Empfindungen zu begeistern, anstatt durch eine stimmungs-
volle Darstellung beim Leser Empfindungen zu erwecken,
die nicht einmal dem Gegenstande allein entsprechen. „Das
Gefühl der Ruhe und Heiterkeit" so schreibt Körner an Schiller,
„welches hier angedeutet wird, hat gar nichts Eigentümliches,
weshalb man nötig gehabt hätte, gerade auf den Rigiberg zu
steigen". Fast dasselbe könnte man von „Terracina" sagen,
ein Gedicht, das überdies in der Sprache starke Anlehnungen
an den Schillerschen Spaziergang zeigt, wodurch sie Schwung
und Stimmung in das Gedicht zu bringen scheint.

Die zweite Art vertritt Sophie Mereau mit der „Landschaft" (1797, 147) und dem „Garten zu Wörlitz" (1798, 216).
Ist in der „Landschaft" zwar die Empfindung aus der Naturschilderung hervorgegangen und mit den darin vor uns ent-
rollten Bildern eng verschmolzen, so fehlt dem Gedicht dennoch
die Stimmungseinheit, die nicht durch das Ganze hindurch bewahrt worden ist. Es ist übrigens ein schwaches Produkt; die
Darstellung des Gewitters muss uns vorkommen wie eine Pa-
rodie auf Klopstocks „Frühlingsfeier". Ebenso wird die Verfasserin in dem „Garten zu Wörlitz" durch die einzelnen
Naturbilder in verschiedene, aber nicht in einheitliche Stimmungen versetzt, was auch Körner bestätigt, indem er an
Schiller hierüber schrieb: „Was das Unentbehrlichste war und
dem ganzen Gemälde Einheit und Haltung gegeben hätte (die
Totalwirkung dieser kleinen Welt auf eine menschliche Natur
voll Geist und Liebe), ist nicht dargestellt."

Die besten der naturmalenden Gedichte sind die, in denen
Empfindung und Idee natürlich, d. h. lebenswahr aus den Naturschilderungen von selbst hervorgehen und zwar auch in ein-
heitlicher Stimmung zum Ausdruck gebracht werden. In dieser
Art sind „Sehnsucht nach Rom" von Matthisson (1799, 120) —

wobei allerdings nur der kleinere Teil Naturschilderungen bringt
— und von Neuffer „Mondscheingemälde" (1796, 84) und „Sonnen-
untergang im Walde" (1797, 108) gedichtet. In der „Sehnsucht
nach Rom" überwiegt scheinbar Empfindungs- und Ideenentwickelung die Naturschilderung, so dass diese also nur Mittel
zum Zweck wäre, aber beim Anblick Roms, das uns der Dichter
zu vergegenwärtigen sucht, hat er ein prägnanteres Gefühl der
Wehmut zu erwecken, als man es etwa auch über die ver-
schwundene Grösse einer jeden anderen Ruine haben könnte.
Daher hat er die gerade für diese Trümmerstätte charakteristischen und bedeutsamen Einzelheiten uns ins Gedächtnis zurückzurufen und im Ideenzusammenhange zu geben. Dieses Mittel
dient, wenn wir den Endzweck des Gedichtes bedenken, schliesslich nur dazu, uns nicht nur das wirkliche, sondern auch das
wahre Bild der ewigen Stadt mit all ihrem historischen Zauber
vor Augen treten zu lassen, und Matthisson zeigt es uns in
dem Spiegel seiner bereits von Schiller konstatierten „contem-
plativen Schwärmerei".

Verwandt mit dieser Matthissonschen Stimmungspoesie in
der Naturmalerei ist Neuffer in den erwähnten Gedichten. Sie
geben, besonders das letztere, echte Naturbilder mit wahren,
natürlichen Empfindungen und auch in anschaulicher und ein-
heitlicher Darstellung.

4. Gedichte mit volkstümlichen Elementen.

Reine, alte Volkslieder, derer Verfasser man nicht kennt,
bringt der Musenalmanach nicht, da dies den Redaktionsprin-
zipien Schillers nicht entsprach: denn sein Streben ging dahin,
das Publikum durch sein Organ fast nur mit neuen Dichtungen
bekannt zu machen. Die Gedichte, die wir in dieses Kapitel einreihen, sind Nachdichtungen des eigentlichen Volksliedes oder
solche, die wenigstens eine grosse Anzahl von volkstümlichen
Elementen aufweisen und von diesem Gesichtspunkt aus zum
Teil gut gelungen sind, so dass sie stellenweise sogar eine
glückliche Hebung hinauf zum Kunstmässigen zeigen.

a) Schlichte, volksmässige Gedichte.

Haugs „Minnelied nach Kristan von Hamle" (1796, 22) wollen wir zunächst nennen. Es ist eine gelungene Nachdichtung des mittelalterlichen Dichters.

Die gelungensten Reproduktionen jedoch des echten Volksliedes hat neben Goethe auch Herder im Almanach gegeben, der schon früher mit Schriften über das Volkslied hervorgetreten war. Sein persisches Lied „Die Gegenwart" (1796, 29) trifft den Ton gut in seinem Refrain und bringt das Melodische, wie es Herder als wesentlichste Seite des Volksliedes hervorhebt, selbst in der Klangfarbe der Vokalfolge vortrefflich zum Ausdruck; z. B. in der ersten Strophe:

> „Dunkler Ocean umgürtet
> Unsre Erd' und unser Leben.
> Fluten rauschen über Fluten,
> Auf den Fluten ruhen Wolken,
> Dunkler Abgrund ist die Zukunft",

will er durch die vielen dumpfen Vokale das Düstere des Gedankens auch sinnlich zur Anschauung bringen. Eine Herausarbeitung des Musikalischen versucht er auch in den drei folgenden Gedichten: „Der Wechsel der Dinge" (1797, 52), „Die sieben Wünsche" (1800, 199) und „Die Erscheinung" (1800, 231). Das Zwiegespräch mit dem Echo, das das erste Gedicht enthält, ist ein vortreffliches Mittel vom musikalischen Gesichtspunkt aus, um das Gleitende und Schwebende in Ton und Stimmung zu erhalten. Ob aber der Gehalt darunter gelitten hat, wollen wir hier nicht untersuchen. — — In den beiden andern Liedern führt der Dichter gleichfalls echo- oder refrainähnliche Figuren ein. Im Letzteren geschieht es durch Wiederholung der Schlussworte einer Strophe, welche dann jedesmal die nächste Strophe beginnen, z. B.

> . . . . im Mondenschein
> Rührte sie die Saiten und sang darein:
> Die Lüfte des Himmels umflossen sie,
> Des Himmels Schimmer umstrahlten sie,
> Umflossen sie,
> Des Himmels Schimmer umstrahlten sie.
> Sie sang mich hinüber in welch ein Thal u. s. w.

In den sieben Wünschen findet die im Volkslied beliebte Form des Rundgesanges Anwendung. Das Musikalische wird auf ähnliche Weise wie im vorigen hervorgerufen, nur besteht der vom Chor gesprochene Refrain hier in Variation des voraufgegangenen Gedankens mit Beibehaltung des Hauptreims. Allerdings kann man dem Gedicht in Bezug auf den Inhalt vorhalten, was Körner über „Die Freuden der Gegenwart" (von der Imhof) sagt: „ich bemerke den Fehler vieler deutschen gesellschaftlichen Lieder, dass sie fast blos aus allgemeinen Aufforderungen, Lehren und Warnungen bestehen. Das giebt ihnen das Ansehen einer Fröhlichkeitspredigt. Nur Bilder, die Leben und Heiterkeit athmen, können eine ähnliche Stimmung verbreiten."

Der Neigung des Volksdichters, dem Stoffe seines Gesanges eine epische Gestalt zu geben, sei es auch nur einen Schein davon, leistet Herders Gedicht „Des Menschen Herz" (1800, 224) Genüge. Die Gedanken und Empfindungen über das Los des Menschenherzens werden in eine mythologische Geschichte gekleidet. Ist zwar die epische Darstellung im Volksliede häufig zu beobachten, so kennt dieses jedoch nichts von der antiken Mythologie, und Herder bringt dadurch einen gelehrten Zug in das schlicht Volksmässige hinein.

b) Volksmässige Dichtungen, verbunden mit der Kunstdichtung.

Haben die bis jetzt genannten Dichtungen entschieden viele Elemente des Volkstümlichen aufzuweisen gehabt, wenn sie auch bisweilen von dem Kunstmässigen durchsetzt waren, so zeigen die nun zu besprechenden das sichtbare Streben, dieses mit jenem enger zu verbinden, was aber keinem Dichter so vollständig gelungen ist wie Goethe. Dies kam daher, dass das Volkstümliche, das auch oft verkannt wurde, meist nur neben dem Kunstmässigen herging, ohne dass das eine mit dem anderen sich innig verschmolz, oder dass das Kunstmässige durch die fremden Versmasse und fremden Bilder dem deutschen Volksgeist widersprach.

Es ist zunächst Meyers „Biondina" (1796, 181) zu erwähnen, ein Gedicht, das mit durchaus volkstümlich schlichten Stellen ausgestattet ist, wie z. B.:

„Das Schicksal führt nach Herrscherweise
Die Menschen wunderlich herum,
Sie tappen blind auf ihrer Reise,
Sie reisen, niemand weiss warum.‘‘

Dann kommen aber auch komplizierte Empfindungen vor, Empfindungen, die nur ein bei allem reflektierender Kulturmensch zum Ausdruck bringen kann, wie:

Ihr immer neuen, holden Schmerzen,
Soll ich Euch suchen oder fliehen? u. A.

Das Gedicht trägt auch den Fehler, dass das Schlichte und Einfache nicht eng genug mit dem Durchdachten, dem Kunstmässigen verschmolzen ist.

Dasselbe gilt von S. Schmidts Sängers Einsamkeit, (1798, 30). Das Motiv, Klage über Einsamkeit, das bei Goethe im Harfnerlied: „Wer sich der Einsamkeit ergiebt“ einen so künstlerischen und doch zugleich einen echt volkstümlichen Ausdruck gefunden hat, tritt bei Schmidt dadurch, dass es zu sehr in der Individualität des modernen Dichters gedacht bleibt, (nämlich als Klage über Mangel an Verständnis bei der Mitwelt), allzu stark in Kontrast mit den volkstümlichen Elementen. Diese bestehen hier in der einfachen Sprache, die allerdings auch bisweilen leicht das Trivale streift, und ferner auch, wie es das Volkslied liebt, in der Andeutung der Situation. die bei dem Dichter eine lyrische Stimmung hervorruft.

5. Reflexionspoesie.

Haben wir bisher Gedichte behandelt, die entweder durch ihre Bilder, ihren Aufbau und durch ihren ganzen Inhalt überhaupt an die Anakreonteen, oder solche, die mit ihrer Sprache und Empfindungsweise an Klopstock erinnerten, oder derartige, die die Natur besangen und solche, die den Volkston nachzubilden suchten oder wenigstens Anklänge an ihn zeigten, so wollen wir jetzt von einer Gattung sprechen, die weniger einen

echten dichterischen Geist verrät, als vielmehr Einwirkungen
des reflektierenden Verstandes zur Schau trägt. Der Hauptvertreter der Reflexionsdichtung im Musenalmanach ist Herder.
Gehen wir wieder von Klopstock aus, der doch auch in seiner
ganzen Lyrik fortwährend Reflexionen anstellt, so können wir
zwischen seiner Dichtweise und der Herders folgenden Unter-
schied bemerken: Klopstock empfand erst und dachte dann
über seine Empfindungen nach, während Herder erst dachte
(wenn man bei ihm überhaupt eine chronologische Trennung
dieser psychologischen Thätigkeiten vornehmen kann) und suchte
dann das Gedachte mit Empfindungen zu beleben: Jener giebt
im Grossen und Ganzen gedachte Empfindungen, dieser em-
pfundene Gedanken. Die religiösen Materien Klopstocks werden
aus dem Gebiet des Empfindens und der Phantasie mehr
in das des Denkens gerückt und dieses Stoffgebiet erweitert
sich dann nach und nach, indem auch Menschliches und Natür-
liches in den Kreis der Betrachtung tritt, wie wir bei den
folgenden Gedichten wahrnehmen können. Tritt der Gedanke in
dieser oder jener Art der Dichtung mit der Empfindung mindestens
ins Gleichgewicht, so bezeichnen wir die Dichtung als Reflexions-
poesie In beiden Arten, sowohl in der Klopstocks, als auch
in der Herders ist immer eine gewisse Einseitigkeit nicht zu
verkennen, die erst bei der Schillerschen reflektierenden Dichtung
aufs Glücklichste vermieden ist. Er stellt weder die Empfindung
noch den Gedanken in den Vordergrund, sondern versteht beides
in schönster Harmonie zum Ausdruck zu bringen. In Herders
Almanachgedichten besteht die Einseitigkeit im Parabolisieren
und Personifizieren oft der nüchternsten Gedanken, und sie
zeigen mehr die Spuren des reinen denkenden Verstandes, als
dass sie eine echte dichterische Thätigkeit verraten. Aber
gerade gegen solche Dichtweise wendet er sich in seinem „Reim,
Verstand und Dichtkunst" (1797, 105), ohne dass er merkte,
dass die darin ausgesprochene Kritik auch auf manches seiner
eigenen Gedichte Anwendung finden könnte. Er kritisiert die
poesielose Verstandesdichtung in treffender und interessanter
Parabelform.

Anders ist es mit den Gedichten: „Das Gesetz der Welten"
(1796, 122) und „Die Luft" (1796, 148). Sie geben trockene

Lehren, die Herder, um ihnen einen Schein von Poesie zu verleihen, an Naturerscheinungen anknüpft. Viel Gedachtes und
wenig Empfundenes ist in ihnen enthalten. Auf ähnlicher
Stufe steht „Die verschiedene Weise der Moral" (1797, 25),
ein Gedicht, das aber weit abstrakter ist, ferner „Die Liebe
und das Glück" (1797, 122) und „Das erträumte Paradies"
(1797, 123), welches im Ton der alten Gleimschen Romanzen gehalten, aber durch Reflexionen verbrämt ist. Das
erstere ist aus der wunderlichen Idee entsprungen. grammatische
Termini zu personifizieren, um sie zur Verkörperung der Gedanken des Verfassers über die Moral zu verwenden, und das
dritte will die einfache Lehre:

„Nur Thätigkeit ist unser Los,"

durch eine Parabel zur Anschauung bringen. Obgleich die
Parabel in Romanzenform gegeben ist, in der die Menschheit
als Adam und dessen Söhne auftritt, so hat es doch viel Steif-
heit, da es zu deutlich nur die Verstandesarbeit zeigt.

„Die Gelegenheit" (1799, 172) von Gries ist eine ähnliche
Reflexionsdichtung, die durch Allegorisieren (Personifikation der
Gelegenheit und ihrer Begleiterin Reue) vergeblich poetisch zu
werden sucht, ist ausserdem noch dadurch misslungen, dass der .
Dichter seine Betrachtungen in allzu grosser Breite anstellt.
Den gleichen Fehler haben die 4 folgenden Gedichte; „Uneigennützige Freundschaft" (1796, 31),*) („Lebensmelodieen" (1799,
111) von A. W. Schlegel. „Die Menschenalter" (1800, 219) von
v. Steigentesch und „Das Kind" (1797, 113) von Conz. Die
beiden ersten haben das gemeinschaftlich, dass sie in Gesprächs-
form reflektieren, wobei das Poetische sehr vernachlässigt ist
und die Verstandesarbeit in den Vordergrund tritt. „Uneigennützige Freundschaft" besteht in einem Zwiegespräch zwischen
Jüngling und Zephyr, und in den „Lebensmelodieen" treten
Schwan, Adler und Taube sprechend auf, die verschiedene
Lebensauffassungen repräsentieren sollen. Bei „Dem Kind"
und „Dem Menschenalter" wird jedoch der genannte Fehler
insofern etwas abgeschwächt, dass jenes an die Schillersche

---

*) „Uneigennützige Freundschaft" stammt nach Redlich a. a. O. von
K. Fischer. (Der Verfasser ist mit der Chiffre F. bezeichnet.)

Dichtungsweise erinnert, und dieses in eine leidlich gute
lyrische Form eingekleidet ist.

Am Schluss dieser Betrachtung können wir noch drei
Gedichte zusammenfassen, die aber nur zum Teil hierher zu
rechnen sind. Sie bilden eine Art Zwittergedichte, da in ihnen die
Reflexion scheinbar ganz zurücktritt und sie durch ihre epischen
Fassungen beinahe in das Gebiet der Romanzen und Balladen
eingereiht werden können, was wohl auch meistens gethan
wird. Es sind dies: „Phaeton" (1798, 160) von Gries, „Pygmalion" (1797, 126) und Prometheus" (1798, 49) von A. W.
Schlegel. Für den Leser, der gewöhnt ist, die Mythologie als
symbolische Darstellung tieferer Ideen anzusehen, tritt die
leitende Reflexion trotz der äusseren Form vor sein geistiges
Auge und aus diesem Grunde konnte Schiller in einem Schreiben
an Gries über dessen Phaeton mit Recht sagen: „Man könne
derartige Produkte als Gedichte oder als Philosopheme betrachten" und warnte ihn vor solchen dichterischen Erzeugnissen. Wir sehen also, dass auch Schiller solche Denkarbeiten
nicht schätzte.

B. Episch-Lyrisches.

In diesem Kapitel werden wir nur von Romanzen und
Balladen zu handeln haben. Die Begriffsscheidung zwischen
Romanze und Ballade ist von den Theoretikern in der verschieden-
artigsten Weise vorgenommen worden. Der eine definiert, die
Ballade sei mehr tragisch, die Romanze mehr heiter; der Andere:
jene sei mehr plastisch, diese pittoresk (Wackernagel, Poetik
S. 130) u. s. w. Ursprünglich kannte man nur den Namen
Romanze, der aus dem Spanischen herrührt und zuerst nur ein
Gedicht burlesk-parodistischen Inhalts bezeichnet, das den
Charakter der südländischen, sonnigen Poesie festhält und in
vierfüssigen Trochäen Tetrapodieen abgefasst ist. später aber
dieses Versmass nicht beizubehalten braucht. Die Bezeichnung
Ballade dagegen stammt aus dem Englischen und kam in Deutschland erst nach dem Bekanntwerden von Percy's Reliques auf,
die dem nordischen Charakter entsprechend ernsten Inhalts sind.
In den deutschen Nachdichtungen wurde die Ballade allmählich
identisch mit der Romanze, so dass man schliesslich keine

Scheidung zwischen den beiden Gattungen vornehmen kann.
Will man aber trotzdem diese episch-lyrischen Dichtungen sondern, so kann man höchstens nur von erstens mehr lyrischen
und zweitens von mehr dramatisch-epischen Gedichten reden.
Um nun für das „mehr Lyrische" oder für das „mehr Dramatische"
eine kurze Bezeichnung zu haben, wollen wir ersteres Romanze,
letzteres Ballade nennen. Romanzen wollen wir also solche
Gedichte nennen, in denen die äussere Situation oder Handlung
kurz angedeutet ist, woran sich die lyrischen Ausführungen in
voller Breite anschliessen, Balladen aber solche ohne weitere
Ausmalung des Lyrischen, wobei jedoch das Dramatische oder
auch die epische Darstellung in den Vordergrund tritt. Freilich muss die Trennung oft gewaltsam vorgenommen werden, da
die Balladen oft viel Lyrisches enthalten, und die Romanzen
nicht selten dramatisch oder episch gehalten sind.

Die episch-lyrischen Dichtungen haben im vorigen Jahrhundert eine neue Anregung durch Gleims sogenannte Romanzen
erhalten, deren Inhalt meist aus Schauer- und Mordgeschichten
ganz nach seinem Vorbild des Moncrifschen Gongora bestand.
Als Hauptcharakter dieser neuen Dichtungsart betrachtete er
neben dem sensationellen Inhalte den volkstümlichen Erzähler-
ton, den er aber noch mit dem Gemeinen und Niedrigkomischen
identifiziert. Gleim erlangte damit grossen Erfolg, und seine
Manier hatte solche Verbreitung gefunden, dass selbst ein Hölty
zu derartigen Dichtungen verleitet wurde. Erst durch Herders
Theorieen des Volkstümlichen, durch seine Mustersammlung der
Volkslieder und durch die Percyschen Vorbilder wurde diesem
Bänkelsängerton gesteuert. Aber erst in jener Zeit, wo durch
das Herdersche Volkslied der wehmütig komische Ton Gleims
in dessen Erzählungsgedichten zu einem kräftigen und reineren
Gefühlston umgestimmt worden war, finden wir Balladen und
Romanzen im eigentlichen Sinne. Allerdings giebt es auch da-
neben eine Richtung, in der die ossianische, grenzenlose Ge-
fühlsweichheit und die nebelhafte Verschwommenheit der Gestalten Eingang gefunden hat. Ihr tritt Bürgers kräftige
Dichtung entgegen, die überhaupt das volkstümliche Dichtungs-
ideal jener Zeit am besten verwirklichte, denn bei allen seinen
Mängeln lässt sich bei ihm die erforderliche reale Klarheit nicht

verkennen. In der Gedankenfolge wie in der metrischen Aus-
arbeitung herrscht bei ihm im Gegensatz zu dem oft Regellosen und Willkürlichen des Volksliedes ein ordnendes Prinzip.
Aber trotz aller Vorzüge erinnern diese episch-lyrischen Gedichte
Bürgers durch ihren Klang sowie auch stellenweise durch ihren
Inhalt noch vielfach stark daran, dass Gleim und die Bänkel-
sänger überhaupt seine nächsten Vorgänger gewesen sind, und
manche seiner derartigen Dichtungen zeigen in der Vorliebe für
das Unheimliche oder Schreckenerregende viele Anklänge an
die eine oder andere Schauerballade urwüchsigsten Stils.

Im Musenalmanach wird diese episch-lyrische Dichtung
wiedergespiegelt durch die im Folgenden zu besprechenden
Gedichte.

1. Romanzen.

Von Herder wollen wir hierher „Madera" (1796, 7) rechnen,
was im ursprünglichen, obenerwähnten Romanzenversmass verfasst ist Wenn das Gedicht auch viele epische Elemente enthält, so wird doch das Ganze von einer entschieden lyrischen
Stimmung getragen. Es ist eine Romanze in einfacher, volks-
tümlicher Weise, und sie bildet einen Fortschritt im Vergleich
zu den Romanzen Gleims und anderer Dichter dadurch, dass
mehr und auch wahrere Stimmung sich darin findet, und dass
sich alles über das Triviale erhebt. Aber es fehlt ihr jedoch
noch die entschiedene Geschlossenheit und die künstlerische Ab-
rundung einer Goethischen Romanze. Ähnlich verhält es sich
mit seinem „Lied eines Gefangenen" (1796, 59), was freilich mit einigen Einzelheiten noch an das Bänkelsängerlied erinnert z. B. in Strophe 6 der Reim: hoher Herr — — — ab-
scheulicher, und die Bilder der zwei Verse der 5. Strophe:

„Und die Haare meines Kindes könnten wohl mein Tischtuch
   sein,
Und die Nägel meiner Finger mir ein scharfes Messer sein."

Nach ossianischer Weise dagegen ist das Gedicht „An
Luise" (1799, 237) von Eschen verfasst. Es ist eine Romanze
in der Form einer Epistel, deren Hauptinhalt eine Nachdichtung

ossianischer Lieder ausmacht, womit er auch die Vorliebe jener
Zeit für die nordische Dichtung mit ihrer charakteristischen
gar zu weichen und verschwommenen Stimmung teilte.

Dieselbe Stimmung zeigt auch die Imhofsche Romanze
„Die Geister des Sees" (1799, 165). Betreffs der Stellung der
Romanze zu ihrem Vorbild Ossian äussert sich die Verfasserin
selbst Matthisson gegenüber: „Sie hat seinen Nebelhorizont und
seine Wehmut, aber nicht den höheren poetischen Charakter
dieses unsterblichen Barden."*) Wenn wir das Gedicht in die
Zahl der Romanzen einreihen, so trifft unsere vorgenommene Begriffsscheidung zwischen Romanze und Ballade nicht ganz zu,
denn man kann es gleichfalls infolge seiner epischen Handlung
und der teilweise dramatischen Spannung ebenso gut als Ballade
bezeichnen. Wir sehen also, dass es auch bei diesen Gedichten,
die wir noch nicht zu den klassischen rechnen können, schon
Schwierigkeit verursacht, eine solche Scheidung herbeizuführen,
die wir später bei den rein klassischen Gedichten dieser Art
fallen lassen werden. Wir haben uns hier nur von der Ossia-
nisch-lyrischen Färbung leiten lassen. Die dramatische Spannung
erweckt die Dichterin dadurch, dass sie die einzelnen Momente
der Handlung nicht nach Art der schlichten Darstellung in der
chronologischen Reihenfolge vorträgt, sondern sie in Sprüngen
bald vorgreifend, bald zurückblickend mit einander verknüpft.
Der Mangel des Gedichtes besteht hauptsächlich darin, dass
die Klarheit und das Plastische des Dramatischen fehlt, da
sich die Imhof oft von Ossian zu sehr hat beeinflussen lassen.

Nahe der Schillerschen Art stehen, wenigstens betreffs
der Sprache und des Tones, schon „Sappho" (1799, 53) von
Nöller und „Das Exil" (1797, 94) von Fr. v. Oertel, wenn sie
auch noch nicht ganz seine gedrängte präzise Ausdrucksweise
aufzuweisen haben. Anders dagegen sind die beiden Romanzen
von Schlegel „Arion" (1798, 278) und „Kampaspe" (1799, 86).
Ihnen fehlt ganz und gar der Schwung der Sprache, weshalb
Körner besonders bei der ersteren von einer „unbegreiflichen
Kälte und Mattigkeit" sprechen kann. Dieses Urteil aber wird

---

*) Die Briefstelle findet sich in Westermanns Monatsheften 1886—87,
Band 61, Seite 378.

wohl durch die romantische Färbung hervorgerufen, die beide
Gedichte tragen, wovon wir in einem anderen Kapitel zu handeln
haben werden, und der Körner wie Schiller wenig zugethan
war. — —

2. Balladen.

Eine echte volkstümliche Ballade ist die von Kosegarten
„Schön Sidselil und Ritter Ingild" (1796, 158). Im Stoff knüpft
sie an die im letzten Viertel des vorigen Jahrhunderts viel be-
handelte Verurteilung gefallner Unschuld an. Hier wird aber das
Mädchen nicht zur Kindesmörderin, wie es von anderen, namentlich auch von Wagner, Goethe, und Schiller dargestellt worden
ist, sondern es flieht mit seinem Geliebten aus Furcht vor
Schande und Strafe, noch ehe die Katastrophe eintritt. Diese
erfolgt jedoch auf der Flucht. Die Fliehende bringt ein totes
Zwillingspaar zur Welt und stirbt selbst, worauf sich ihr Ritter
aus Verzweiflung ersticht, und als vierte Leiche auf dem Schau-
platz der Mordballade neben dem Opfer seiner Schuld nieder-
fällt. Der Gang der ganzen Handlung, der in diesem drastischen Schluss seinen Höhepunkt findet, erinnert in allem an die
Gleimschen Schauerballaden. Es geht durch die Ballade ein
zu naturalistischer Zug, der sich noch besonders in einzelnen
Derbheiten und Geschmacklosigkeiten unangenehm äussert. Dass
Schiller sie trotzdem aufgenommen hat (es ist das einzige Gedicht dieser Art im Almanach), lag wohl an dem seit wenig
Jahrzehnten erwachten Interesse für das Volkslied und für die
volkstümliche Ballade, dem er Rechnung tragen zu müssen
glaubte, und „Schön Sidselil" war die Reproduktion eines Gedichtes, das der Kindheit eines Volkes, des altdänischen, ent-
stammte, was also eine Bereicherung der deutschen volkslied-
artigen Ballade bedeutet.

Von nicht ganz so derber Art ist die Woltmannsche
Ballade „Rudolf von Erlach' (1796, 17). Wie jene hat auch
sie den Charakter einer Volksballade, der sich hier in einer
stürmischen Handlung bekundet und die Neigung zum Schaurigen
zeigt. Das Krasse des behandelten Gegenstandes lässt das Gedicht nicht über die Stufe erheben, auf der die bänkelsängerischen
Romanzen stehen, in denen Bürger noch Gleims Tradition fest.

hält. Kosegarten sowohl, wie Woltmann vertreten mit den angeführten Gedichten noch ganz und gar die Anfänge der deutschen Ballade und zeigen noch die edle Sprache und den gediegenen Inhalt derjenigen unserer Hauptballadendichter, Schillers und Goethes.

Anders verhält es sich schon mit der „Jungfrau des Schlosses" (1798, 242) von Imhof. Der Inhalt ist im Vergleich zu dem der letztgenannten Gedichte Kosegartens und Woltmanns sprechender, und die Sprache ist edler und gemessener, wie man es von einer Freundin Schillers, die die Imhof war, und auf die Schiller grossen Einfluss ausübte, nicht anders erwarten kann. Die Dichterin nennt das Gedicht Romanze, aber mit mehr Recht können wir es als Ballade bezeichnen, da es dramatische Spannung und bewegte Handlung enthält. Doch werden diese Vorzüge wiederum abgeschwächt dadurch, dass das Gedicht stellenweise zu breit angelegt hat.

„Der Arzt" (1799, 183) von Gries, einem anderen Günstling Schillers, zeigt gleichfalls eine gewisse dramatische Darstellung, und Körner urteilt sicher zu scharf, wenn er in dem Gedicht nur „Trockenheit und Kälte" bemerken will. Dass er das Ganze aber als eine „versifizierte Erzählung" bezeichnet, hat höchstens insofern seine Berechtigung, dass der Dichter keine höhere Idee darin zum Ausdruck bringt. Denn er veranschaulicht im Grunde nur die versengende Glut einer dämonischen Liebesleidenschaft, ohne irgend welche tiefere Gedanken damit zu verknüpfen.

Alle genannten Romanzen und Balladen stehen also entwender noch auf der Anfangsstufe dieser Dichtungen, oder, wenn sie sich über dieselbe erheben, so bleiben sie doch hinter denen unserer beiden Dichterdioskuren in Sprache, Darstellung und Gedankeninhalt zurück.

C. Gedichte mit mehr epischem Charakter.

Hierher gehören die erzählenden Gedichte und die Fabeln. Die erzählenden Gedichte schliessen sich eng an die Romanzen und Balladen an, da sie meist Balladenstoffe behandeln, ohne dass sie deren äussere Form beobachten. Sie sind nur Erzählungen in Versen, die entweder in satirischem oder lehr-

haftem Tone gehalten sind, was der wirklichen Ballade ganz
und gar widerspricht.

In lehrhaftem Tone ist von Herder: „Das Ross aus dem
Berge" (1796, 70) geschrieben. Es ist die einfache Wiedergabe einer böhmischen Sage mit einer didaktischen Einleitung,
die als leitende Idee sich durch das Ganze hindurchzieht und
uns die Sage deuten will. Das Gedicht befand sich schon in der
Herderschen Volksliedersammlung von 1778—79, und Schiller hat
es in seinem Almanach wieder abgedruckt, wohl wegen der ge-
lungenen fünffüssigen Trochäen und vielleicht auch wegen der
erwachenden allgemeinen Vorliebe für deutsche Volkssagen.

Satirisch sind behandelt „Der Kirchenbau zu Aachen"
(1796, 193) von Langbein und „Die Liebe auf dem Lande"
(1798, 74) von Lenz. Beide Gedichte erinnern uns an die
Gellertsche satirische Art, doch zeigen sie im Vergleich zu
dieser in manchen Punkten einen Fortschritt. Um zunächst
von dem Lenzschen Gedicht zu sprechen, so bringt es im Gegensatz zu Gellert, der zwar auch schon zu Stoffen aus dem Leben
greift, aber doch kaum individuelle Charaktere, sondern nur
mehr typische Gestalten zu zeichnen vermag, wahre und lebens-
getreue Charaktere, die namentlich in jener Zeit häufig in Wirklichkeit zu finden waren, und Lenz zeichnet diese Figuren in
greifbarer Deutlichkeit. Denn wem stünde beim Lesen des Gedichtes nicht klar vor Augen der

> „wohlgenährte Candidat,
> Der nie noch einen Fehltritt that,
> Und den verbotnen Liebestrieb
> In lauter Predigten verschrieb",

und von dem es dann weiter heisst:

> „Dann laut er auf der Kanzel schreit,
> Man hört ihn auf dem Kirchhof weit
> Und macht solch einen derben Schluss,
> Dass alt und jung noch weinen muss",

der mit nicht zu viel Feingefühl ausgestattet, natürlich die
zarte Pfarrerstochter, die er zur Frau erhält, nicht verstehen
kann. Ebenso können wir uns sie als das stille, einfach er-

zogene Landmädchen klar vergegenwärtigen, die von hingeben-
der Liebe zu einem anderen, der sie treulos verlassen, entbrannt
ist und nun in Gram dahinsiecht; trotzdem aber beugt sie sich
aus Liebe zu ihrem Vater, der in brutaler Weise ihre Verbindung mit dem zu seinem Nachfolger erwählten Kandidaten
fordert, in Gehorsam und nimmt schliesslich voll Demut gegen
Gott die Leiden der ihr aufgedrängten Ehe als Gottes Schickung
hin. Lenz bringt somit einen tragischen Effekt hinein, während
Gellert den Ausgang der Handlung rührselig gestaltet haben
würde. Aber bei der Beschreibung des Kandidaten leuchtet
noch immer die angenehme Gellertsche gaieté moqueuse hervor,
die zu dem volkstümlichen Stil und zu den teilweise sehr stark
realistisch gefärbten Zügen vortrefflich passt. Wenn auch Körner die Einkleidung plump nennt, so ist das Gedicht doch durch
seine Originalität eine anerkennenswerte Abweichung von der
bisherigen Eleganz der Konvenienzdichter.

„Der Kirchenbau zu Aachen", der das alte Motiv behandelt, dass bei einem Bau dem Teufel eine Seele geopfert werden
muss, klingt in der Ausführung noch mehr als die „Liebe auf
dem Lande" an die Gellertsche Dichtweise an. Wie bei ihm
findet sich auch hier dieselbe behagliche Breite*), in der uns
Langbein die Situation ausmalt und mit der er uns mit den
Charakteren bekannt zu machen sucht. Es fällt uns hier gleichfalls die gaieté moqueuse angenehm auf, die sich neben manchen
anderen Zügen besonders auch darin bekundet, dass dem Teufel,
der das Geld zum Kirchenbau für eine Seele als Gegengabe
geliefert hatte, auf Rat eines listigen Geistlichen ein Schnipp-
chen geschlagen und ihm die Seele eines Tieres preisgegeben
wird. Diese gaieté findet sich fast in jeder Zeile mit all den
kleinen satirischen Glossen, durch die jede Person des Gedichtes prächtig gezeichnet wird, und besonders tritt sie in dem
satirischen Schluss hervor, der sich gegen die „Pfaffen", deren
„Verschmitztheit mehr als Teufelspfiffe galt", richtet. Das Gedicht hat bei aller Schlichtheit der Darstellung dieselbe graziöse

---

*) Ausserdem zeigt das Gedicht auch freie Verse wie bei Gellert,
während das Gedicht von Lenz in Reimpaaren geschrieben ist.

Sprache, die wir bei Gellert finden, nur fehlt ihm, und zwar zu seinem Vorteil, die bei diesem so beliebte Schlussmoral.

Wir sehen also, dass diese Gedichte, obgleich sie Balladenstoffe behandeln, doch nicht zu den Balladen gerechnet werden können. Rinne sagt in seiner Geschichte der Entwickelung der deutschen Nationallitteratur (Seite 319) über Langbeins derartige Gedichte sehr treffend: „Langbeins Romanzen und Balladen zeichnen sich durch guten Vortrag aus, aber er traf ihren Ton und ihr inneres Wesen nicht, indem er sich ironisch zu den Stoffen stellt."

2. Fabeln.

Von eigentlichen Fabeln finden sich im Musenalmanach nur drei, und diese stammen alle drei von Pfeffel: „Die zwei Verdammten" (1796, 105), „Die Hunde" (1798, 148) und sein „Diogen und der Bettler" (1797, 112). Die beiden ersteren sind die schwächeren, da „Die zwei Verdammten" im Inhalt sowohl wie in der Pointe durchaus verfehlt sind und bei den Hunden ist das zu tadeln, dass der Fabel, abgesehen von dem, was Körner an Schiller über sie schreibt: dass Unterdrückung, die aus Feigheit ertragen wird, kein Gegenstand für einen Dichter sei, auch die Gedrängtheit der Darstellung und die Schlagkraft der Pointe fehlt, was Lessing in erster Linie von der Fabel verlangt. Hingegen entspricht sein „Diogen und der Bettler" vollkommen den Anforderungen, die Lessing an die Fabel stellt: sie ist kurz und knapp gefasst und enthält eine zugespitzte Tendenz. Sie steht somit auf der Höhe der Fabel, wie sie Lessing in seiner Theorie vorgezeichnet und durch eigene Dichtungen als Muster aufgestellt hat.

II.

Die klassischen Dichtungen des Musenalmanachs.

Alle die vorher besprochenen Einzelrichtungen, die von Einseitigkeiten befreit und in der Ausführung massvoll gehalten sind, finden sich in der klassischen Dichtung wieder. Hier zeigen sich Anklänge sowohl an die anakreontische als

auch an die Klopstocksche Richtung, aber es sind eben nur
Anklänge und kein einziges Gedicht der Klassiker aus den
Jahren des Almanachs hat einen solchen Charakter, dass man
es als ein anakreontisches oder Klopstocksches bezeichnen könnte.
Sie sind zwar teilweise aus jenen hervorgegangen, aber sie erheben sich über sie, so dass sie diese weit hinter sich zurück-
lassen und eine neue, die klassische Dichtung schaffen. Um
nun einen rechten Massstab für die Gedichte des Almanachs
zu haben, die wir zu den klassischen Dichtungen rechnen,
werden wir zunächst die Gedichte Goethes und Schillers einer
näheren Betrachtung unterwerfen, die ja mit Recht als mustergültig hingestellt werden können.

1. Reine Empfindungslyrik.

Die Wandlung anakreontischer Elemente und deren besondere Anwendung zeigt das Goethesche Gedicht „Erinnerung“
(1798, 223), das in den „Neuen Schriften“ (1800) mit dem
Titel „Nachgefühl“ zum zweiten Mal abgedruckt ist. Dreierlei
erinnert in ihm an die Anakreonteen: Erwähnung der Reben,
der Rosen und der Schäferinname Doris. Das Gedicht ist aber
nicht, wie es bei jenen stets der Fall war, nur aus der Phantasie, aus einem kaltwitzelnden Verstand entsprungen, vielmehr
sind in ihm wahre Herzensempfindungen ausgesprochen: es geht
aus Erlebtem hervor und scheint auf das Verhältnis mit Friederike zu deuten.

In einer ganz anderen Weise finden sich Anklänge an
jene Dichtungen in den „Verschiedenen Empfindungen an einem
Platze“ (1796, 40) und „Antwort bei einem gesellschaftlichen
Fragespiel“ (1796, 95). Diese Anklänge bestehen nicht gerade
im Erwähnen der Reben oder Rosen, sondern in dem leichten,
heiteren Inhalt und in dem Spiel verschiedener Gedanken.
Diese Gedichte sind geistvoll, wie die Anakreontiker es immer
zu sein versuchten, aber mit dem Unterschiede, dass das Geist-
volle bei Goethe nicht nur Verstandeswitz war, sondern wesentlich aus Herzensvorgängen und wahren Erfahrungen bestand,
was dadurch allein schon mehr wirken muss. Er erreicht
ausserdem noch die Wirkung durch seine Einfachheit der
Sprache, der Bilder und des ganzen Aufbaus, während jene

dagegen sie vergebens zu erlangen suchten durch ihre witzeln-
den, nichtssagenden Wortspiele, durch ihre gesuchten Bilder
und ihre unwahren und unnatürlichen Empfindungen.

Die bewusste Steigerung wiederum, wie sie bisweilen mit
aller Kunst auch von manchem Anakreontiker im Aufbau des
Ganzen und in den einzelnen ausgesprochenen Gefühlen nach
ihrer Art ausgebildet worden war, ist natürlicher und herz-
licher in Schillers „Erwartung" (1800, 226). Natur und Kunst
zeigt sich darin wie bei Goethe in glücklichster Verbindung.
Nichts Gemachtes oder Gesuchtes ist hier zu finden, und die
Steigerung geht aus der ganzen Anlage in der natürlichsten
Weise hervor.

Ein anderes Element, das des mythologischen Zierrates,
das die Anakreontiker in ihrer Dichtweise auch verwandt haben,
und das der humanistisch angehauchten Zeit überhaupt entsprach, findet in genialer Weise seine Verwendung in seinem Gedichte „Der Besuch" (1797, 120). Während die Verwendung der
mythologischen Bilder bei jenen gewöhnlich nur zur Übertünchung
wohlfeiler Gedanken dienten, wodurch ihre Gedichte leicht das
Gepräge einer steifen Mache annahmen, dienen sie Schiller zu
einer grossartigen und tiefsinnigen Symbolik seiner Gedanken
und verleihen dem Gedicht seine hohe Schönheit, die noch dadurch erhöht wird, wie Körner an Schiller schreibt, dass in
ihm die Hoheit noch mit Lieblichkeit und frischem Leben vereinigt ist. „Das Ganze ist aus einem Stücke", fährt er fort,
„der Hauch eines glücklichen Momentes. Die Sprache in ein-
fachem Schmucke ohne Überladung schwebt in einem edlen und
leichten Rhythmus dahin."

Das Wohlgefallen an den heiteren Lebensmaximen des
Horaz, das Gleim, Uz und verwandte Dichter in ihren erkünstelten Reproduktionen in übertriebener Weise zur Schau
tragen, tritt erst recht deutlich zu Tage, wenn man Schillers
„Reiterlied aus dem Wallenstein" (1798, 137) mit seiner frei
dahinstürmenden Lebenskraft betrachtet, die oberflächlich angesehen, sich in die Form des Leichtsinnes einkleidet, aber doch
aus tieferer Veranlagung und ernsterer Lebensauffassung hervorgeht. Hatte Gleim auch schon in den preussischen Grenadier-
liedern den Ton kräftiger Soldatenfrische angeschlagen, so ist er

bei Schiller noch echter und dabei doch poetischer. Die Sprache
ist dem Soldatenstand vortrefflich angepasst, sie ist kräftig
und natürlich, aber schiesst nicht über die Grenzen des Poetischen hinaus.

Ist bei Klopstock in den Dichtungen der Liebe auch schon
bei weitem tieferes Gemüt als bei den Anakreontikern vorhanden, so zeigt es sich doch mehr im Spiegel der Reflexion
und nicht so unmittelbar wie bei Goethe. Wie unvergleichlich
schöner ist dessen „Die Nähe des Geliebten" (1796, 5), als das
mit dem verwandten Inhalt „Gegenwart der Abwesenden" von
Klopstock. Bei diesem enthält das sechsstrophige Gedicht eine
Einleitung von vier Strophen, in der er uns erst sagt, was er
gerade hätte thun wollen, als ihm im Geiste die abwesende
Geliebte erschien, dass er „der Liebe Schmerzen nicht der er-
wartenden, noch ungeliebten" hätte singen wollen. Erst in den
beiden letzten Strophen wird das eigentliche Ereignis behandelt.
Bei Goethe klingt das Thema in jeder Zeile in immer frischer
Abwechslung an und ist aus der Gegenwart herausgesungen:
„Ich denke Dein, ich sehe Dich, ich bin bei Dir," während
jener dieses Gegenwärtigsein aus der Erinnerung im Praeteritum
darstellt: „Denn ach, ich sah Dich" u. s. w. und so der Anschauung das Unmittelbare nimmt. Sein Gedicht schwimmt
bis zum Schluss in einem und demselben weichlichen Gefühlston, ganz zu schweigen von der schwerverständlichen Sprache,
die durch das lateinische Versmass bedingt ist. Goethe aber
singt in seinen wohlbekannten, einfachen und leichten Versen
und giebt der Empfindung durch die plötzliche Anknüpfung an
die sinnliche, wehmütige Wahrnehmung: „Die Sonne sinkt, bald
leuchten nur die Sterne, O, wärst Du da;" noch am Schluss
eine überraschende Prägnanz.

Klopstocks hellenisierende Dichtweise finden wir in Schillers
„Der Abend" (1796, 165) wieder, aber hier bleibt das Pathos
in Sprache und Gefühl in natürlichen Grenzen. Die Empfindung
versteigt sich nicht wie beim Messiasdichter ins Unendliche und
Unbegreifliche. sondern giebt in festen und anschaulichen
Bildern die weihevolle und die frei dem Gemüt entspringende
Stimmung der Abenddämmerung wieder. Es gehört zu den
Gedichten Schillers, in denen die Sprache mit ihrem Ernst, mit

ihrem kräftigen Pathos und mit dem Reichtum der schönsten Bilder erhaben und feierlich anmutet, eine Sprache, die sich streng in den Grenzen des Poetischen bewegt und gerade deshalb so ausserordentlich wirkt.

Auch die Stimmung, die die Haindichter in ihren Erzeugnissen zum Ausdruck brachten, und deren Art wir oben als eine Variation der Klopstockschen Dichtung bezeichneten, können wir noch bis zu einem gewissen Grade in manchen klassischen Dichtungen bemerken, wenngleich der weiche und innige Gefühlston jener bei den Klassikern zu einem männlicheren und kräftigeren umgestimmt worden war. Hierher gehören von Goethe: „Abschied" (1798, 241), „An meine Lieder" (1799, 231), später mit dem Titel versehen „Am Flusse" (es stammt aus dem Sommer von 1768 oder 69)*), „Meeresstille" und „Glückliche Fahrt" (1796, 83). Beim endgültigen Abschied der Geliebten z. B., der das Motiv des ersten Gedichtes bildet, würden die Haindichter eher zu einer zerfliessenden Wehmut neigen, als zu dieser Entschlossenheit, wie sie Goethe ausdrückt in den Versen:

„Was ich gesollt, hab' ich vollendet,
Durch mich sei Dir von nun an nichts verwehrt,
Allein verzeih dem Freund, der sich nun von Dir wendet
Und still in sich zurückgekehrt,"

nachdem wir in den vorangehenden Strophen erfahren haben, wie sehr er von der Liebe gefesselt war, wie er aber doch mit ruhigem Blick die Gefahr der ihn bewegenden Leidenschaften erkennt und mit resigniertem, aber festem Ton den Abschied ausspricht.

„Meeresstille" und „Glückliche Fahrt" bringen die Gefühle des Verzagens und des Hoffens zum Ausdruck. Aber diese sind ihrem Wesen nach ganz andere geworden, als man sie bisher gewöhnt war. Das Verzagen entspringt hier aus einem angstvollen stillen Harren, weil ein treibendes Element in der Situation fehlt, während man früher das Verzagen als Ohnmacht

---

*) Goethe schreibt an Schiller am 30. Juni 1798: „Hierbei das älteste, was mir von Gedichten übrig geblieben ist, völlig 30 Jahre alt." Es war das Gedicht „An meine Lieder".

gegenüber zu vielen oder stark treibenden Mächten darstellte. Die Befreiung aus jener Stimmung, giebt dann das Motiv der Hoffnung zur „Glücklichen Fahrt". Selbst das zu Goethes Zeit nicht mehr originelle Bild der Schiffahrt als das des Lebens (als solches haben wir die Darstellung aufzufassen), zeugt in seiner neuen Ausführung von klassischer Grösse. In beiden Gedichten hat der Dichter das richtige Verhältnis zwischen Natur und Kunst, zwischen konkreten Bildern und Stimmung gefunden, also das des Hin- und Herschwebens aus dem einen in das andere.

Verfällt Schillers „Elegie an Emma" (1798, 115) auch noch in die lyrische, allzu weiche Stimmung der Hainbunddichter, so können wir dasselbe nicht von dem „Geheimnis" (1798, 299) sagen, da es weniger aufs Klagen um die Hinfälligkeit des Glückes, als auf das Streben, es zu halten, bedacht ist. Der Dichter tritt dem Schicksale hier aktiver gegenüber. In den Versen „Einer jungen Freundin ins Stammbuch" (1796, 36) geht Schiller noch einen Schritt weiter aus jener elegischen Passivität heraus. Nicht die Lebensmaxime, klug bedacht zu sein, das Glück nur festzuhalten, wird hier aufgestellt, sondern es erhebt sich schon die Wehmut zu der Lebensanschauung der sich selbst bestimmenden Resignation:

> „Froh taumelst Du im süssen Überzählen
> Der Blumen, die um Deine Pfade blühn
> Betrachte sie, doch pflücke sie nicht ab."

Also schon hier der Gedanke des späteren*) „Das Ideal und das Leben":

> „Wollt Ihr schon auf Erden Göttern gleichen,
> Frei sein in des Todes Reichen,
> Brechet nicht von seines Gartens Frucht.
> An dem Scheine mag der Blick sich weiden."

Es enthält schon seine hohe Philosophie, von der seine tiefernste Lebensauffassung herrührt, wovon ferner die meisten Erzeugnisse nach 1795 voll sind und die den Wert derselben

---

*) „Einer jungen Freundin ins Stammbuch" ist 1788, „Das Ideal und das Leben" ist 1796 gedichtet worden.

stets noch erhöhte, ein Element, das bei den Gedichten der Göttinger Schule meist zu vermissen ist.

Aber auch den Volksliederton hat Schiller meisterhaft zu treffen verstanden. Er spricht in veredelter Weise aus dem Liede „Des Mädchens Klage" (1799, 208). Statt des Drastischen in Sprache und Ideenentwickelung haben wir alle Momente in anmutiger Verbindung und doch zugleich bei aller Kunst in ganz einfacher und schlichter Ausdrucksweise und von ergreifender und ansprechender Wirkung.

Eine ähnliche Verfeinerung des Natürlichen in schlichter Sprache gelang ihm in dem schon erwähnten „Reiterlied aus dem Wallenstein". Man vergleiche nur damit die Landsknechtslieder und ähnliche in den von Uhland gesammelten Volksliedern, die mit ihrem derben, ja oft rohen Ton gewaltig gegen die natürliche, aber doch nichts Derbes enthaltende Sprache des Reiterliedes abstechen,

Goethe hat wohl fast in seiner gesamten Liederdichtung volkstümliche Elemente aufgenommen und innig mit seiner feinen klassischen Manier verschmolzen, so dass es zu weit führen würde, alle diese Lieder einzeln daraufhin hier zu betrachten und einer Besprechung zu unterwerfen. Von den Liedern im Almanach braucht nur erinnert zu werden an das Gedicht „An meine Lieder", worin die Situation das volkstümliche Motiv enthält, dass ein unglücklich Liebender die Andenken seiner Geliebten, wie Ring oder Blumen, unter Klagen einem Fluss übergiebt, oder an „Das Blümlein wunderschön" (1799, 69), worin die Teilnahme der Natur am Schmerze des Sängers dem Gedichte das Naive des Volksliedes verleiht.

In das kunstvolle Gedicht weiss er Volkstümliches einzustreuen, wie auch umgekehrt sein anscheinend einfachstes bei näherer Betrachtung immer ein wahres Kunstwerk ist. Von solcher Art ist „Der Besuch" (1796, 13). Ein Anakreontiker hätte sich bei diesem Gegenstande nicht die Gelegenheit entgehen lassen, die bestrickenden Reize seiner Geliebten mit seiner Phantasie auszumalen. Goethe aber weiss der Situation tiefer liegende Stimmungen abzugewinnen, indem er den reinen verehrungswürdigen Eindruck der Schlummernden wiedergiebt. Er thut dies in schlichter, inniger Weise, ohne auch in die

Wehmütigkeit Klopstocks zu verfallen oder wie dieser mit Pathos einen unnatürlichen Heiligenschein um die Angebetete zu weben.

Die Dycksche neue Bibliothek der schönen Wissenschaften erkannte schon den Wert dieses Kunstwerkes und schrieb darüber: „Man kann in der That weder feiner und zarter fühlen, noch das Gefühlte glücklicher wiedergeben. Jeder Ausdruck ist gewählt und gewogen und jeder der wahre oder vielmehr der einzige. Nicht ein Beiwort lässt sich vertauschen, ohne den Ausdruck zu schwächen oder etwas Bedeutendes hinwegzuwischen.*)

Von gleicher Art ist sein „Prolog zu dem Schauspiel alte Zeit und neue Zeit"**) (1796, 141).

Dem von so vielen Dichtern beliebten Prunke bei derartigen Dichtungen stellt Goethe hier die äusserste Einfachheit und fast kindliche Einfalt entgegen und der manierierten Gesuchtheit vieler Stoffe solcher Prologe eine anspruchslose und dadurch eine leicht ansprechende, wie sich von selbst ergebende Sinnigkeit der Gedanken, die dabei aber doch tiefsinnig und geistreich sind.

Als in der vorklassischen Zeit wieder wahrere Empfindungen in der Dichtung hervortraten, waren es gewöhnlich Empfindungen aus dem unbedeutenden kleinbürgerlichen Leben der damaligen Dichter. So fehlt auch in den Trauerdichtungen z. B. Höltys Gedicht „Auf den Tod eines Landmädchens", das sich gewiss ergreifend genug giebt, den darin ausgedrückten Gedanken der grosse Zug. Wo nun wiederum die Poesie einen höheren Aufschwung nehmen will, sind die höheren Gedanken, die gewöhnlich der christlichen Lehre entnommen sind, nur anempfunden und die Seelenstimmung ist erst eine zeitlich nach dem ursprünglichen Gefühl durch Denken entwickelte wie z. B. in Höltys „Elegie beim Grabe meines Vaters", oder aber der Dichter erhebt sich über das Gewöhnliche, wie es Klopstock zu thun pflegt, der einen zu erhabenen Gedanken als eine

---

*) Goethes Gedichte, Ausgabe von G. v. Loeper, Berlin 1882—1884. II. Bd. p. 343.
**) Zu der Wiedereröffnung des Weimarischen Theaters 1794 gedichtet.

wahre Empfindung zu geben bemüht ist. Z. B. in der toten
Clarissa giebt er den Gedanken: der Todestag eines Menschen
ist auch ein Freudentag für die Zurückgebliebenen, da der Verstorbene in die ewige Seligkeit eingeht, ein Gedanke, der zwar
echt christlich ist, der aber doch nur in den seltensten Fällen
einem trauernden Gemüt auftauchen wird. Betrachten wir
Goethes Trauergedicht „Euphrosyne" (1799, 1), so finden wir
von alledem nichts darin; erhabene Gedanken und tiefe Empfindungen werden hier ausgesprochen, die ernst und feierlich sind,
aber nichts von Weichlichkeit oder von überschwenglichem
Pathos haben. Der Verlust der dahingeschiedenen Person ist
in weit tragischerer Bedeutung dargestellt als in den Höltyschen
oder Klopstockschen Trauerdichtungen. Es handelt sich nicht
um ein rührendes Liebesidyll, das durch den Tod jäh abge-
brochen wird, nicht um eine verstorbene Freundin, auch ist es
nicht die Klage eines Sohnes über den Verlust des Vaters: die
Heimgegangene in der Euphrosyne ist eine Schülerin Goethes
in der Schauspielkunst, die Neumann. Mit Freude und Liebe
war er ihrer Entwickelung gefolgt, sie war gewissermassen sein
geistiges Kind geworden. Ihren Tod, den er als eine wunder-
bare Vision auf seiner Schweizerreise darstellt, empfinden wir
in dem Gedicht als ein Absterben eines teuren Teiles seines
tiefsten Seelenlebens, wodurch er gerade die starke Wirkung
erzielt. Das Gedicht ist im Verhältnis zu der Klopstockschen
überschwenglichen Sprache einfach und natürlich, und es steht
auch in Beziehung auf den poetischen inneren Gehalt hoch über
dessen Dichtweise, denn es ergeht sich nicht in übertriebenen
Trauerergüssen, sondern versteht gerade das richtige Mass ein-
zuhalten.

Wie der klassische Dichter das rechte Mass zwischen den
geistigen Faktoren eines Gedichtes zu finden weiss, zeigt ebenfalls, wenn auch auf einem ganz anderen Gebiet sein „Amyntas"
(1799, 145), dessen litterarhistorische Bedeutung am besten
Körner in einem Brief an Schiller mit den kurzen Worten an-
giebt: „Es existiert vielleicht nichts in der ästhetischen Welt,
wo Sinnlichkeit und Seele inniger in einander verwebt sind".

2. Betrachtende Lyrik.

Wie stark in Goethe der echte Quell des Dichters war, beweist er uns auf dem Gebiete der betrachtenden Lyrik, wo doch der Verstand sich zur Geltung zu bringen ein gewisses Recht hat, und wohin deshalb so mancher sich gewendet hat, weil ihm das frische, freigebige Genie fehlt und er hofft, mit Hilfe seines Denk- und Sprachtalentes bessere Erfolge zu erringen, als in der reinen Empfindungslyrik. Goethe hat auch dieses Feld, das schon von Herder bereits in etwas würdigerer Weise, als von den früheren Dichtern angebaut worden war, durch seine Vorbilder zu einer Stätte wahrer Poesie umgestaltet. Er lässt nicht mehr den Verstand allein die Idee für das Gedicht finden und dazu dürftig von Phantasie und Gemüt einen Schein von Poesie borgen: alle drei geistigen Faktoren treten in dieser seiner betrachtenden oder didaktischen Dichtung in schöne Harmonie. Abstraktes und Konkretes ist darin so innig verbunden, dass man nicht unterscheiden kann, war dieses oder jenes das leitende Moment.

Von den Gedichten im Musenalmanach gehören hierher: „Kophtische Lieder" (1796, 88), „Die Musageten" (1799, 14), „Die Metamorphose der Pflanzen" (1799, 17) und „Sängerwürde" (1799, 91). In die Gedankenlyrik, zu der die Kophtischen Lieder gerechnet werden müssen, weiss Goethe so viel poetische Elemente einzumischen, dass er den nüchternen Lehrton durchaus vermeidet; er breitet vielmehr über die darin ausgesprochenen Lehren einen Hauch echter lyrischer Stimmung aus. Er erreicht dies hier einmal durch den Refrain, der in seiner Gefälligkeit des Rhythmus an das Volkslied erinnert, und dann durch die Andeutung des Sagenzaubers Merlins oder durch die kurze Erinnerung an die Naturschönheiten Indiens, an die geheimnisvollen Grüfte Aegyptens und schliesslich auch durch die spärlichen, aber um so treffenderen, knappen Bilder wie „Auf des Glückes grosse Wage steht die Zunge selten ein" oder „Du musst herrschen und gewinnen .... Ambos, oder Hammer sein". Doch sind die Lieder ursprünglich als Arien für das Singspiel „Die Mystifizierten" (Gross-Cophta) gedacht, sind dem Schwindler Cagliostro in den Mund gelegt, enthalten dessen Pseudo-Weisheit, und nehmen mit der Anspielung auf

Indien, Aegypten, Merlin Bezug auf dessen angebliche Erlebnisse.

In den „Musageten" giebt er ein Muster, wie man selbst das Profane im Leben poetisieren, ja wie dasselbe sogar zur Anregung tieferer Ideen veranlassen kann. Das Gedicht lehrt, wie die Idee*), ehe sie aufdringlich erscheint, viel lieber so weit hinter dem realen Einzelfall zurücktritt, dass man sie erst durch Abstraktion von dem Konkreten aus dem Ganzen herausfinden kann. Es zeigt, wie ein wahrer Künstler im Gegensatz zu den Dichterlingen, die sich mit ihren platten und nichtssagenden Erzeugnissen in den anderen Almanachen und Taschenbüchern breit machten, auch aus dem geringsten Gegenstand etwas Poetisches zu schaffen vermag.

Wie nahe wiederum lag nicht die Gefahr bei der „Metamorphose der Pflanzen" und der „Sängerwürde", mit jenem eine gereimte naturwissenschaftliche, mit diesem eine gereimte litterarhistorische Betrachtung zu bringen. In dem ersteren Gedicht hat er geschickt seine Entdeckung in der Entwickelung der Pflanzen auf seine Beziehungen zur Christiane angewandt dass aus dem „Keim" der Bekanntschaft die Gewohnheit des Verkehrs, dann Freundschaft und zuletzt die Liebe entstand und macht uns darin mit seinen naturwissenschaftlichen Beobachtungen in interessanter Weise bekannt. Die beiden Abwege, auf die ein Dichter bei einem solchen Stoff leicht geraten kann, die Körner Schiller gegenüber wie folgt darlegt: „Die Liebe zum Stoff konnte ins Kleinliche und Tändelnde ausarten" und „Auf dem höheren Standpunkte, von dem der Dichter die Wirkungen der Natur überschaute, konnte er leicht aus dem Gebiet der Phantasie in die trockne Vernunftregion geraten", hat Goethe „durch eine glückliche Mischung von zarter Empfänglichkeit und ruhiger Hoheit" gut vermieden. „Der Gang der Phantasie", so schreibt Körner weiter, „ist analog mit dem Gegenstande. Der Blick erweitert sich allmählich und auf den Moment des höchsten Schwunges folgt Rückkehr zu einem herzlichen Verhältnisse."

---

*) Hier ist sie etwa: Die dichterische Stimmung kann durch Vorsatz nicht gewonnen werden, wohl aber stellt sie sich selbst infolge kleiner Lebensstörungen ungewollt ein.

Ebenso geschickt sind jene Klippen in „Sängerwürde" vermieden. Obwohl Körner an manchem „Matten und Schleppenden" darin Anstoss nimmt, muss doch der poetische Wert des Ganzen dem unbefangenen Leser sofort ins Auge fallen. Körner hat das Gedicht sicher nicht verstanden und hat es deshalb so falsch beurteilt. Nur das Pseudonym Justus Amman, das an Stelle des Goetheschen Namens bei seinen Gedichten des Almanachs für 1799 beigegeben war, hatte sein sonst meist so richtiges ästhetisches Urteil irre geleitet. Das Gedicht ist entstanden in der Absicht, eine Satire auf die Erwiderungen der Xenien, besonders auf die Gleims und Wielands zu geben. Die Phantasie ging aber, so zu sagen, mit Goethe durch, und er entrollte nur ein grosses farbiges Gemälde, und die Satire auf bestimmte Dichter ist wohl nicht mehr darin zu suchen, obgleich sie die meisten Kommentatoren noch deutlich wahrzunehmen und nachgewiesen zu haben glauben. Die Dichtergestalten, die hier gezeichnet worden sind, können nicht auf bestimmte Personen gehen, sondern es sind nur allgemeine Dichtertypen. Goethe giebt mit dem Gedicht ein prächtiges Gemälde in den schönsten Farben, aus dem uns die Dichtergestalten plastisch und greifbar entgegentreten, das dadurch an die Art der Gemälde Böcklins erinnert. Das Bild stellt den deutschen Parnass dar, wie er von den neueren Dichtern, die mit der alten klassischen Dichtweise gebrochen und eine neue, dieser entgegen, geschaffen haben, erstürmt wird und dadurch in grosse Gefahr gerät. Der Titel ist später mit dem glücklicheren „Der Hüter des Parnasses" (in den „Gedichten": „Deutscher Parnass") vertauscht worden, den Goethe selbst in sein Tagebuch eingetragen hat. Glücklicher ist der Titel, da das Gedicht das Bild veranschaulicht, wie der Parnass, auf dem nur die antike, klassische Dichtung herrscht und durch den Vertreter derselben behütet und bewacht wird vor dem Ansturm der Faunen, die für ihre neue Richtung in ungestümer Weise kämpfen und der alten mit Vernichtung drohen. Wie sie aber zurückgedrängt werden und erst dann Aufnahme auf dem Musenhügel finden, nachdem sie reuig und sich zur abgeklärten edleren Poesie bekennend zurückkehren. Es ist eine idealisierte Darstellung der Entwickelung der Poesie der zweiten Hälfte des vorigen Jahrhunderts in Goethes poetischem Geist ohne den geringsten Schein trockner Lehrhaftigkeit.

Was wir von Goethes betrachtender Lyrik gesagt haben, gilt ebenfalls von der Schillers, dass nämlich in ihr Verstand, Phantasie und Gemüt in gleicher Weise gewirkt haben und in schönster Harmonie vereinigt sind. Wenngleich die hierher gehörigen Gedichte Schillers zunächst den Anschein erwecken sollten, dass aus ihnen mehr Verstand oder Phantasie als Gemüt herausleuchtet, so muss dieses Urteil bei eingehenderer Betrachtung sicher hinfällig werden. Enthalten zwar die Gedichte meist ernste und tiefe Gedanken der Schillerschen Philosophie, die auch weniger verhüllt als in den Gedichten Goethes sind, so zeugen sie auch von einer reichen und glänzenden Phantasie durch die Art, in der sie dargestellt, durch die schönen, ansprechenden Bilder, in die sie eingekleidet und durch die sie dem Leser verdeutlicht und belebt werden. Aber auch das Gemüt steht in ihnen auf keiner niedrigeren Stufe, denn es spricht klar aus jedem dieser Gedichte in der Sprache eines wahren Dichters, der seine Mitmenschen zu der sittlichen Höhe, zu der er sich selbst emporgerungen hat, durch sein Wort nachzuziehen bemüht ist. Nicht um seinen Geist glänzen zu lassen, legt er seine gewonnene philosophische Weltanschauung in diesem oder jenem Gedicht nieder, oder stellt in ihnen aus demselben Grunde Betrachtungen an, die ihren Ursprung nur einem ernsten und scharfen Denken zu verdanken haben, sondern in der Absicht, die Menschheit zu belehren, in ihr die Freude am Schönen und Guten zu erwecken und in ihr den Trieb zu fördern, dem als edel und gut Erkannten im Leben nachzueifern und sich dieses zum eigenen Besitz zu verschaffen. Seine Lehren und Betrachtungen spricht er gleichfalls wie Goethe nicht in dem trocknen, nüchternen Ton aus, wie es viele Dichter jener Zeit der Aufklärung zu thun pflegen, sondern kleidet sie in die Form der Allegorie, die aus ihr zu dem Leser selbst sprechen und in ihm des Dichters Ideen entwickeln soll.

In den beiden Sprüchen des Confucius (1796, 39 und 1800, 209) ist Schiller rein didaktisch, indem er in dem einen Spruch den weisen Gebrauch der Zeit und in dem anderen die richtige Art des geistigen Strebens lehrt. Die Sprüche erinnern an die

Kophtischen Lieder Goethes, nur dass sie nicht so bilderreich, wie diese sind. Sie erheben sich aber weit über die didaktische Dichtung Herders durch ihre edle Sprache und durch die poetischen Vergleiche, mit denen er die Lehren belebt.

Von gleicher Art sind „Die Worte des Glaubens“ (1798, 221). Er legt ¡hier die Grundbegriffe seiner Philosophie und seiner Religion nieder: Freiheit, Tugend und Gott, woran wir glauben sollen, denn

„Dem Menschen ist nimmer sein Wert geraubt,
Solang er noch an die drei Worte glaubt.“

Auch „Breite und Tiefe“ (1798, 263) enthält eine tiefe Lebenserkenntnis, dass nicht in dem äusseren Glanz, sondern in der inneren Kraft der Wert des Lebens beruht, woran die Lehre geknüpft wird:

„Wer etwas Treffliches leisten will,

— — — — — — — — — — — — —

Der sammle still und unerschlafft
Im kleinsten Punkte die höchste Kraft.“

Weniger direkt ausgesprochene Lehren enthalten die weiter unten angeführten Gedichte. Schiller hat in ihnen vielmehr allgemeine Betrachtungen niedergelegt, die voll von tiefer Wahrheit sind, und die er in prächtigen Bildern, in der edelsten Sprache anstellt. Seine Lebensanschauungen, die er sich in seinem ernsten und beschwerlichen Leben gebildet hatte, die auch eines jeden andern denkenden Menschen Eigentum sein könnten, wodurch sie gerade so leicht zum Herzen sprechen, werden entwickelt in „Poesie des Lebens“ (1799, 202), „Der spielende Knabe“ (1796, 79), „Die Ideale“ (1796, 135) und in „Licht und Wärme“ (1798, 258). Beim Betrachten des spielenden Knaben steigen in ihm die Gedanken auf über den Ernst des Lebens, der dem Kind noch bevorsteht, oder er zeigt, wie die Ideale der Jugend im Kampf um das Dasein verschwinden, oder wie sie sich nur auf ein Minimum schliesslich beschränken, und dass die Poesie des Lebens nur im Scheine beruht, an dem man sich erfreuen soll.

Einen engeren Kreis seiner Betrachtungen zieht er in der

„Würde der Frauen" (1796, 186) und in den „Geschlechtern"
(1797, 59). In beiden stellt er in höchst poetischer Ausführung
das Weibliche dem Männlichen gegenüber.

Der Gedanke, dass in der Welt oder überhaupt im menschlichen Leben trotz des Scheines, der oft das gegenteilige Empfinden erweckt, dass alles nach einem gewissen Gesetz oder
einer höheren Macht geleitet und regiert wird, liegt im Gedicht
„Der Tanz" (1796, 32). Hier ist es der Rhythmus, der Takt,
dort ein höheres Walten, was das scheinbar wirre Durchein-
ander lenkt und regelt.

Solche und viele Gedanken seiner Philosophie können wir
noch anführen aus den kleineren Gedichten und Xenien, die
wir aber übergehen wollen. Vielmehr wollen wir nun zu der
Gedankenlyrik schreiten, in der er seine Vorliebe zur antiken,
der griechischen Dichtung bekundet. Die Gedichte, in denen
dies besonders hervortritt, sind: „Das Glück" (1799, 62), „Klage
der Ceres" (1797, 34) und „Bürgerlied" oder „Das Eleusische
Fest" (1799, 189). In ihnen zeigt der Dichter, wie tief er in
die antiken Anschauungen eingedrungen ist, wie er sie zu den
seinigen gemacht, und wie er sie so innig mit dem deutschen
Geist zu vereinigen verstand. Um wieviel ansprechender sind
doch diese Gedichte gegenüber der antikisierenden Dichtung
Klopstocks. Abgesehen davon, dass die äussere Form schon
leicht verständlich ist, auch die innere Gestaltung ist in ihnen
trotz aller antiken Bilder von so deutscher Art, wie es eben
nur ein Goethe oder Schiller vermocht hat. Welche Kenntnis
der griechischen Mythologie verrät er nicht schon in dem „Glück"?
Aber sind die Gedanken, die er mit Bildern aus dieser Mythologie veranschaulicht, uns deshalb weniger zugänglich? Im Sinne
der Griechen preist und bewundert er den, dem das Glück stets
zur Seite steht, das ihm von den Göttern gesandt ist und ihn
dadurch als ihren Liebling kennzeichnet. So mögen auch die
Dichter, wie er weiter ausführt, bewundert und geachtet werden,
die ihre Poesie nicht durch sich selbst, sondern von oben her erhalten und die daher auch als Günstlinge Gottes zu betrachten seien.

Die Klage der Ceres wie das Eleusische Fest bewegen
sich ganz und gar in der griechischen Götterlehre. Das eine
besingt den Schmerz der Ceres, den sie um den Verlust ihrer

Tochter Persephone empfindet, das andere verherrlicht den
Cerescult, den die Griechen eifrig pflegten, da sie Ceres als die
Urheberin ihres Wohlstandes feierten und sie als die Göttin der
Fruchtbarkeit verehrten. Schiller verbindet damit die kulturhistorische Betrachtung, wie aus der geordneten Arbeit eines
Volkes sich die höchste Blüte des Wohlstandes entwickelt. Er
belebt diese Betrachtung, indem er alle Bewohner des Olymps
vor unsern Augen in den Gang der Entwickelung der Kultur
selbstthätig eingreifen lässt.

In der nadowessischen Totenklage (1798, 237) beweist
er, wie er das Volkstümliche auch anderer Nationen wohl zu
treffen imstande ist.

Mit den „Stanzen an den Leser" (1796, 203) verabschiedet
sich Schiller, wie er selbst schreibt, in dem ersten Jahrgang
seines Almanachs von dem Publikum und hofft, dass seine Lieder
den Leser wie die Frühlingsblumen erfreuen möchten, wodurch
sie ihren Zweck erfüllen würden. Sie sollen nicht in äusserem
Schimmer glänzen, sonder sie sollen nur Wahrheit bieten und
für die bestimmt sein, die nur das Edle lieben.

Und mit der Macht des Gesanges (1796, 1) eröffnet er
seinen Almanach, womit er die Macht der Poesie schildert,
wenn sie so ist, wie sie sein soll, von der die Dichtung seiner
Zeitgenossen so wenig verspüren liess, und die er erst neben
Goethe der Dichtkunst wieder verlieh.

Der Prolog zu Wallensteins Lager (1799, 241) stellt, wie
das vorige Gedicht sich über die Macht der Poesie im allgemeinen verbreitet, Betrachtungen über den Zweck und den
Nutzen des Schauspiels an und solche über das Verdienst des
Darstellenden, des Schauspielers. Wie Goethe in seinem erwähnten Prolog, verschmäht auch er den äusseren Prunk und
entwickelt seine tiefen Gedanken in schlichten, reimlosen Versen.

Ist zwar die allegorische Dichtung nicht die wahre Kunst
der Poesie, so zeigt uns Schiller doch in einigen wenigen Proben,
wie ein Dichter auch in ihr etwas Schönes und Künstlerisches
schaffen kann. Er darf eben nicht, wie es z. B. Herder liebte,
die Allegorie nur um ihrer selbst willen anwenden. Er darf
sie nur benutzen, um seine Ideen dem Leser durch sie zu ver-
sinnbildlichen. Von solchem Genre ist „Das Mädchen aus der

Fremde" (1797, 17), was die einzige eigentliche Allegorie Schillers ist, die die Wirksamkeit der Poesie darstellen soll. Dass Schiller von diesem Lied nicht viel wissen wollte trotz seiner Lieblichkeit, trotz des schönen Kolorits, hat wohl darin seinen Grund, dass das Gedicht die Idee nicht klar ausspricht, was in seiner übrigen Poesie stets der Fall ist.

Direkter drückt er die Idee in dem allegorisierenden Ge-dicht „Pegasus in der Dienstbarkeit"*) (1796. 62) aus: die Poesie lässt sich nicht mit Gewalt unter ein fremdes Joch beugen, sie gehorcht und dient nur dem, der dazu berufen ist und sie zu behandeln und in die richtigen Bahnen zu lenken versteht. Wie das vorige, so ist auch dieses Gedicht in epischer Form abge-fasst, weshalb es mit jenem auch zu dem nächsten Teil gerechnet werden könnte, wenn das Allegorische nicht in die betrachtende oder die Gedankenlyrik gehören würde. Und gerade diese seine allegorische Dichtung erhebt sich durch ihren Inhalt der Ge-danken so hoch über die der meisten Dichter, die oft nur Bilder enthält und ernste oder tiefere Gedanken vermissen lässt.

Nun zum Schluss haben wir noch einige Worte über das Lied von der Glocke (1800, 243) zu sagen. Es ist das einzige Gedicht seiner Art, das Schiller geschaffen hat. Gedankenlyrik wechselt, von rein empfundenen lyrischen Stellen angenehm unterbrochen, mit epischen Darstellungen ab. Das Lied enthält eine Reihe von Bildern aus dem bürgerlichen Leben, die es in seinen ver-schiedensten Lagen in lebendigster Schilderung wiederspiegeln. Sie führen uns das Leben vor von der Geburt des Menschen bis zu seinem Tode und verweilen sowohl bei den ruhigen und friedlichen, wie bei den schrecklichsten und aufgeregtesten Momenten des menschlichen Lebens. Das Glück der Familie wird ebenso eingehend dargestellt, wie ihr Elend bei einer Feuersbrunst oder einer Revolution. Das Eigenartige des Ge-dichtes ist, dass diese Bilder mit der Schilderung eines Glocken-gusses verwoben sind und in geistvoller Ausführung das Leben mit der Entstehung einer Glocke verknüpfen.

———————

*) Später: Pegasus im Joche.

3. Epische Lyrik.

a) Idyllen.

Das eigentlich Charakteristische der Idylle ist die typische Darstellung des Schönen in primitiven Verhältnissen, wobei das Zuständliche in der Regel vor den Handlungen überwiegt. Als man sich aber im vorigen Jahrhundert der Idylle wieder zuwandte, suchte man die Einfachheit ihres Wesens in der Wahl des Unbedeutenden und im Primitiven der Darstellung sowohl, als des Stoffes, zu erreichen. Nach diesem Grundsatz sind im Musenalmanach gedichtet: „Die Lehre der Bescheidenheit" (1799, 210) von Eschen und die „Die Überraschung" (1799, 28) von Bürde. Interessantere Stoffe zu ihren Idyllen wählten sich Gessner, Maler Müller und Voss. Sie suchen den Charakter der Idylle als Mittelgattung zwischen Lyrik und Epos mehr zu wahren, zwischen Darstellung der Ruhe und der der Bewegung abzuwechseln, indem sie in die ruhige Schilderung eine wechselvollere Handlung bringen. Im Almanach wird dieser Fortschritt vertreten nur durch L. Brachmann mit ihrem Gedicht „Die Rettung, Idylle" (1799, 77). In dieser Idylle ist zwar, wie in mancher Vossischen, eine Leidenschaft angedeutet, aber sie tritt doch nicht vollständig in den Mittelpunkt. So weit auch Voss schon hie und da in der Lebhaftigkeit der dargestellten Gefühle gegangen ist, so konnte er sich doch noch immer nicht von der Ansicht freimachen: die Idylle habe nur sanft dahingleitende Seelenregungen zu behandeln, was auch in der Brachmannschen zu beobachten ist. Erst Goethe kommt wieder auf den von Theokrit betretenen Weg zurück, auf den bereits M. Mendelssohn theoretisch aufmerksam gemacht hatte, dass nämlich in der Idylle des griechischen Vorbildes Leidenschaft und Schmerz zum elementaren Durchbruch kommen. Dies geschieht in Goethes „Alexis und Dora" (1797, 1) und in „Der neue Pausias und sein Blumenmädchen" (1798, 1), die in Goethes Gedichten mit Elegieen bezeichnet sind, sicherlich bloss wegen der äusseren Form, der der Distichen.

In beiden wird die Liebe gemalt bis zu ihren leidenschaftlichsten Stadien und das Gewaltige darin wird noch erhöht durch die Darstellung der höchsten Kontrastgefühle. In jenem

wird zunächst das Glück ruhiger Liebe geschildert und dann
jäh daran anschliessend die schwarzen Bilder der Eifersucht, in
diesem das anmutige Beisammensein zweier Liebenden und in-
mitten dieser Darstellung die Erinnerung an die bewegtesten
Szenen des voraufgegangenen Liebesromans. Trotzdem bleibt
das Ganze in ruhigem Fluss, indem die als gegenwärtig gedachte
Situation ein Zustand der Ruhe ist, der gleichsam einen Rahmen
abgiebt, der das grelle Colorit jener Leidenschaften zu dämpfen
bestimmt ist. Die Leidenschaften spielen nur als Erinnerungen,
beziehungsweise Phantasiegebilde hinein. Auch das behagliche
Ausmalen von Nebenumständen, wie des Sammelns von Früchten,
welche die Geliebte dem Alexis mit auf den Weg giebt, oder
das sinnige Verweilen beim Kranzwinden der Glycera helfen
mit, den ruhigen Grundton zu sichern. So lebendig, ja selbst
erregt und leidenschaftlich die einzelnen Bilder und Gedanken
in beiden Gedichten auch sind, der Gegenstand in ihnen und
die epische Entwicklung sind doch so schlicht und einfach, dass
der liebliche und anmutige Reiz der Idylle vollständig ge-
wahrt bleibt.

Dass die beiden Idyllen in jeder Hinsicht als Muster ihrer
Gattung gelten können, befürworten wieder am besten die
Kritiken, die Körner an Schiller schickt: „In Alexis und Dora",
so schreibt er unter dem 11. Oktober 1796, „schätze ich besonders die weise Anordnung des Ganzen. Ein liebender Jüngling wird als Dichter dargestellt. Es ist ihm Bedürfnis und
Linderung, die Bilder der schönen Vergangenheit zurückzurufen,
in ihnen zu schwelgen, sie mit aller Pracht des Rhythmus und
der Sprache auszumalen. Er beginnt mit der Schilderung dessen,
was ihn umgiebt. Der Gegensatz führt ihn bald auf seine
herrschende Idee. Der natürlichste Übergang leitet ihn dann
auf die Geschichte seiner Liebe. Nun folgt die höchste Begeisterung, dann Entwürfe, frohe Aussichten — und nun führt
der Gegensatz wieder schwarze Bilder herbei. Er erblickt den
Abgrund, wohin ihn die Phantasie führt, lässt plötzlich den
Vorhang fallen, erscheint wieder als Dichter und löst die Dissonanz mit der Stimmung auf, in der er das Gedicht anhub. —
In der Geschichte selbst sind die einzelnen Züge trefflich gemalt, alle bedeutend und charakteristisch, jeder lebendig dar-

gestellt, aber keiner mehr ausgemalt, als es die Stimmung des Erzählers erlaubt. Immer bleibt der einzelne Stoff der Idee des Ganzen subordiniert." Und über das zweite Gedicht äussert er sich in seinem Briefe vom 25. Dezember 1797: „Den neuen Pausias geniesse ich am besten, wenn ich mir ein Gemälde dazu denke, auf dem das Blumenmädchen mit ihrem Geliebten dargestellt ist, so wie der Dichter die Gruppe in den sechs ersten Distichen schildert. Mit diesem Kunstwerk wetteifert das Gedicht. Der Dichter kennt seinen Vorteil und eilt über das sichtbare Bild hinweg in die Sphäre der Ideen, Gefühle und Erinnerungen. Aber die Vergangenheit soll uns nur ein lebendigeres und vollständigeres Bild von der Gegenwart geben. Die Erzählung selbst, nicht das Erzählte allein, ist ein Gegenstand der Darstellung. Und hier verehre ich besonders die Kunst, mit der die Erzählung unter beide Personen verteilt ist. Jedes scheint sich nur die Züge auszuwählen, die ihm die wichtigsten sind. Kontrast und Harmonie stehen im schönsten Ebenmasse, und aus ihrer Vereinigung geht ein Ganzes hervor, dessen Teile sich von selbst in einander zu fügen scheinen. Man vergisst Künstler und Kunst und weidet sich an einem Produkte der edleren menschlichen Natur."

b) Gesprächslieder.

Hatte Goethe schon im „Neuen Pausias" die Form des Dialogs angewandt, so vervollkommnete er sie und bildete sie noch weiter aus in einer besonderen Gattung „Die Gesprächslieder", zu denen er wohl durch Herders Volkslieder angeregt wurde.

Sie enthielten dialogisierte, volksliederartige Stoffe. Goethe scheint, nach seinen Proben zu urteilen, dem Charakter solcher Lieder eine heitere Färbung zusprechen zu wollen, denn seine Gedichte dieser Art (es sind die vier im Almanach 1799 abgedruckten „Der Edelknabe und die Müllerin" altenglisch (p. 102,) „Der Junggesell und der Mühlbach" altdeutsch (p. 107,) „Der Müllerin Verrat" (p. 116) und „Reue" altspanisch (p. 129), haben durchaus humoristischen Inhalt. Die Zusätze, dass die Lieder nach dem altenglischen, altdeutschen u. s. w. gedichtet seien, haben übrigens keine Bedeutung, da der Charakter der

einzelnen Lieder dem der angegebenen Sprachen nicht entspricht.
Es soll damit wohl nur äusserlich der Vorliebe für die alten
Litteraturen der bestehenden Sprachen Genüge gethan werden.
Mit den Gesprächsliedern hat Goethe eine Gedichtgattung geschaffen, die geistvoll und schlagfertig im Dialog, reizend und
frisch in der Stimmung, sowie anmutig und fesselnd in der
Handlung, eine wertvolle Vermehrung der poetischen Gattungen
zwischen Lyrik und Epos bedeuten. Für Gedichte in der Art
des zweiten, worin der Mühlbach, also Lebloses, personifiziert
wird, gilt das, was Goethe am 31. August 1797 an Schiller
schreibt: „das poetisch-tropisch-allegorische wird durch diese
Wendung lebendig", und Schiller hebt den Wert solcher Lieder
in seinem Brief (22. 9. 1797) an Goethe, wie folgt, hervor:
„Mir däucht, dass diese Gattung dem Poeten schon dadurch
sehr günstig sein müsse, dass sie ihn aller belästigenden Beiwerke,
dergleichen die Einleitung, Übergänge, Beschreibungen u. s. w.
sind, überhebt und ihm erlaubt, immer nur das Geistreiche und
Bedeutende an seinem Gegenstand mit leichter Hand oben weg-
zuschöpfen." Eine glückliche nachahmenswerte Idee ist auch
die, derartige Lieder zu vereinigen zu einem Zyklus, der einen
kleinen Roman bilden soll, wodurch Goethe eine Art episch-
lyrische Novelle schuf, wie sie darnach z. B. von Wilh. Müller
in seinen Müllerliedern weiter ausgeführt worden ist. Den einheitlichen Charakter des Zyklus hat Goethe allerdings nicht
ganz streng bewahrt, da die Charaktere der einzelnen Lieder
nicht untereinander übereinstimmen. Dies tritt besonders in den
beiden letzten Liedern hervor, wenn man auch eine noch so lange
Zeit zwischen den Handlungen derselben annehmen will.

c) Die klassische Ballade.

Im Musenalmanach, besonders im Jahrgang 1798, war es,
wo dem Publikum zum ersten Male eine neue Auffassung der
Ballade in aller Vollkommenheit vorgeführt wurde.

„Der eigentliche Stoff der Ballade", schreibt Körner am
27. September 1797 an Schiller „ist wohl eine höhere, menschliche Natur in Handlung. Das Begeisternde in einer menschlichen
Begebenheit wird aufgefasst und gleichsam in einem dichterischen
Monument verewigt. Das Ziel ist entweder Sieg nach einem

schweren Kampfe, oder eine heldenmässige Resignation bei dem Übergewicht der äusseren Kraft."

In Hinsicht auf Schillers vielfache Forderung des empor-strebenden menschlichen Willens, vermöge dessen wir uns aus „der Sinne Schranken in die Freiheit der Gedanken", in die lichte Höhe des Ideals erheben sollen, ist unter „höherer mensch-licher Natur in Handlung" wohl der höhere menschliche Wille zu verstehen. Dann aber hätte jene Definition hauptsächlich nur Geltung für die spezifisch Schillersche Ballade, und sie wäre, um allgemeiner zu werden, etwa in folgende Fassung zu bringen:

Der eigentliche Stoff der Ballade ist das Wirken einer höheren Macht. Das Begeisternde beziehungsweise das Er-schütternde einer Begebenheit wird aufgefasst und gleichsam in einem dichterischen Monument verewigt Das Ziel ist entweder Sieg oder Untergang des Menschen der höheren Macht gegenüber.

Diese höhere Macht ist vor den Klassikern als eine mehr ausserhalb des Menschen stehende aufgefasst worden. Es sind Naturmächte oder sonstige Gebilde der Phantasie zu lebenden Wesen gestaltet, deren Einfluss auf das menschliche Schicksal uns geschildert wird. Die Schrecken einer wilden, unheimlichen Wald- oder Gebirgsgegend treten dem Wanderer in Gestalt von Elfen drohend entgegen, wie in „Erlkönigstochter" und in „Elvershöh", oder es sind Nixen, Zwerge, Kobolde oder sonstige hilfsbereite oder böse Naturgeister, oder die gefahrvolle Macht, welche das Wasser birgt, nimmt menschliche Gestalt an in dem Gedichte „Der Wassermann."*)

In der Zeit des Christentums bringt der Aberglaube noch neue Gestalten hinzu. Geschichten vom Teufel spielen wie in den Prosaerzählungen so auch in der epischen Lyrik des Volkes die Hauptrolle. Er vollzieht an dem Gefallenen die in der Bibel verheissene Strafe für das Böse: die untreue Braut in „Reit Du und der Teufel", die Kindesmörderin in „Höllisches

---

*) Die Gedichte „Erlkönigstochter", „Elvershöh" und „Der Wasser-mann" sind in der Dr. Wollheim da Fonsecaschen Ausgabe ,von Herders Werken, V. Teil, Stimmen der Völker zu finden und zwar „Erlkönigs-tochter" p. 271, „Elvershöh" p. 267 und „Der Wassermann" p. 270.

Recht"*) holt er mitten aus dem Hochzeitsreigen, oder die
„Drei Schwestern"**), welche die Eltern umbrachten, lässt er
in ihrem Schloss zur Hölle sinken. „Im wilden Jäger" von
Bürger erscheint der Teufel als dieser; als Rattenfänger tritt
er im „Rattenfänger zu Hameln" auf, und als Reiter kommt er
vor die Schmiede, um sein Ross beschlagen zu lassen und bringt
dem geldgierigen Schmied Verderben. Die Ansicht, dass Tote
unter gewissen Umständen im Grabe keine Ruhe haben und
dann des Nachts erscheinen, kehrt zu unzähligen Malen in
diesen Balladen wieder: zu der trauernden Geliebten kommt der
Verstorbene und holt sie zu sich wie in Bürgers „Lenore"; in
ähnlicher Weise wird das Motiv behandelt in dessen „Des
Pfarrers Tochter von Taubenhain", im „Höllischen Recht",
„Blutmesser" und in ähnlichen balladenartigen Volksliedern.

Neben dieser mehr oder weniger konkreten Gestaltung des
Balladenmotivs haben wir auch die, dass eine höhere Macht
über dem Ganzen, gewissermassen als eine Person hinter der
Szene, als unsichtbares Abstraktum waltet, und zwar einmal
als Wundermacht, welche in den Gang der Naturordnung in
übernatürlicher Weise eingreift, oder auch als alles beherrschende
Weltordnung, wie sie als Schicksal oder Vorsehung verstanden
wird, die sich mehr innerhalb der Grenzen des Natürlichen
bekundet.

Die ausserhalb des Welt- und Seelenlebens stehende und
vom persönlichen Willen des Menschen unabhängige Wundermacht Gottes führt in vielen Volksdichtungen die Wendung in
der epischen Handlung herbei. Eine fromme Jungfrau, die Hass
und Intriguen auf den Scheiterhaufen führen, wird im letzten
Augenblicke von einem herrlichen Jüngling, der plötzlich vom
Himmel gesandt erscheint, gerettet, oder die Flammen nehmen
das Opfer nicht an und verlöschen, oder die Seele der Unglück-
lichen schwingt sich wie in der Eulalialegende in Gestalt einer

---

*) Die Gedichte sind in der Reclamschen Ausgabe von „Des Knaben
Wunderhorn" zu finden: „Reit Du und der Teufel" p. 681; „Höllisches
Recht" p. 432 und der weiter unten erwähnte „Rattenfänger zu Hameln" p. 33.

**) Vergl. Ditfurth, 52 ungedruckte Balladen des 16., 17. und 18. Jahr-
hunderts. Stuttgart 1874. „Drei Schwestern" p. 63 und „Der Schmied" p. 61.

Taube aus den Flammen empor. In „St. Meinhard" (Wunderhorn) rächt Gott den heimlichen Mord, indem er den Missethätern
zwei Raben nachschickt, die sie auf Schritt und Tritt verfolgen,
bis die That dadurch entdeckt wird.

Auf natürlicherem Wege und mit mehr psychologischer
Begründung spielen sich die Vorgänge ab in Balladen, wie sie
in vorklassischer Zeit hauptsächlich von Bürger vertreten wurden
z. B. im Lied vom braven Mann, Lenardo und Blandine, die
Kuh u. s. w. Auf Grund einer moralischen Weltordnung, wo
die gerechte Vorsehung den Guten und Frommen belohnt und
den Bösen bestraft, muss ein edler Mitmensch die arme Frau
Magdalis vom Elend retten, in Lenardo und Blandine der Ver-
räter und Mörder den Tod erleiden und der brave Mann die
Zöllnerfamilie, um deren Haus schon die Wogen branden, in
Sicherheit bringen, und dies muss ihm trotz aller Gefahr ge-
lingen, denn es ist eine gute That, und die lässt der allgütige
Gott nicht misslingen.

Wie stand es nun vor Schiller und Goethe mit dem zweiten
Punkte der Balladendefinition: „das Begeisternde, bezw. Erschüt-
ternde einer Begebenheit wird aufgefasst und gleichsam in einem
dichterischen Monument verewigt": — Wir finden, dass das Er-
schütternde der vorklassischen Balladen nichts anders ist als
Grausenerweckendes. Was wenigstens repräsentieren sie anders
als Grausiges, diese Gesichichten vom Wanderer, der ins Elfen-
reich gerät und dort verloren ist, oder vom Missethäter, den
der Teufel holt und der von Gott äusserlich gekennzeichnet ist
und dadurch der Gerechtigkeit in die Arme fällt, oder Erzählungen, in denen ein Wunder die Unschuld mitten aus dem
Feuertod errettet? — Manche Balladen, wie Lenardo und
Blandine bei Bürger, Percy und sonst in der Volksdichtung
suchen förmlich ihren Glanz in der Beschreibung von Un-
that und Mord. Und wiederum, was erwecken sie anderes als
Rührung; diese Berichte von treuer Liebe, wo der Geist des
Verstorbenen die trauernde Geliebte aufsucht, oder die Ballade,
in der eine Pilgerin die Welt durchirrt, bis sie ihren Geliebten
im Kloster wiederfindet, und dann auch die Heiligen- und Wun-
dergeschichten, in denen Personen aus unverdienten Qualen oder
unverschuldeten Strafen durch überirdisches Eingreifen gerettet

werden, sowie die Edelmutsbeweise in Gedichten wie das erwähnte „Die Kuh"? — —

Fehlt allen derartigen Balladen einerseits zum Erschütternden noch das tragische Element, wodurch eine Schuld (eine zwar menschlich-notwendige und begreifbare, die aber doch auch belastend ist) die Katastrophe heraufbeschwört, fehlt ihnen andererseits zum Begeisternden ein höherer idealer Faktor, vermöge dessen uns eine Handlung als die Äusserung eines erhabenen göttlichen Geistes im Menschen anmutet, so ist in ihnen auch das Ziel, der Untergang oder der Sieg des Menschen noch nichts anderes als die wohlverdiente Strafe, die wir einen Übelthäter ohne besonderes Mitleid erleiden sehen, oder die Belohnung des Guten, die uns ebenfalls keine Begeisterung einflössen kann. Kein innerer Kampf kommt hier zum Ausdruck, kein besonderes Ringen um den Preis, kein heroisches Verzichten, kein Dilemma tritt an den Helden heran, sondern höchstens Alternativen, aus denen eine nur etwas sichere Moral leicht den richtigeren Weg herausfindet.

Ist es die allgemeine Aufgabe der Poesie, wie Goethe in Faust sagt, des Menschen Kraft (die im Gemüt liegt) im Dichter zu offenbaren, oder, um mit Schiller zu reden, die sittliche Kraft des Menschen durch Vorbild zur idealen Höhe zu führen, so ist die besprochene Balladenstufe mit ihrer Unterstellung des Menschen unter eine äussere, ihn unbedingt beherrschende Macht oder mit ihrer bloss moralischen Befriedigung wohl kaum dazu angethan, dieser Forderung zu genügen. Jenes hohe Ziel, das der Poesie im Allgemeinen gesteckt ist, erreichen auch in der Balladendichtung zuerst Goethe und Schiller. Bei ihnen ist es für den Helden nicht damit abgethan, dass er nur von Haus aus fromm, treu und edel ist, um die Palme für seine Tugendhaftigkeit zu erhalten. Seine Tugend muss eine persönliche Errungenschaft sein, ein den irdischen Widerständen mit verzweifelter Kraft abgenommenes Gut. Dem Möros gelingt es, sein gegebenes Wort zu halten, nicht nur, weil er ein treuer Freund ist, und weil nach moralischem Gesetz diese Tugend ihren Lohn verdient, sondern weil er sein treues Wollen unter allen Umständen in sein Können umzusetzen weiss mit Niederkämpfung aller egoistischen Interessen. Es ist der Triumph einer absoluten geistigen und ethischen Erhabenheit, den der klassische Balladendichter veranschaulicht. Und da, wo der Held unterliegt, geschieht es nicht, weil er einer brutalen, unvermeidlichen Übermacht weicht, oder, weil er einem niederen Trieb die Herrschaft über sich giebt, sondern weil er, um einem höheren Gesetze seiner Natur zu folgen, ein anderes höheres der allgemeinen Ethik übertreten muss. Im „Taucher", um auch hierfür ein Beispiel zu geben, unterliegt der Held bei dem wiederholten Tauchen, weil er seine eigene Kraft überschätzt und trotz der erkannten Gefahr, sich tollkühn in sie begiebt und alle menschliche Schwäche nicht bedenkt.

Auch in Balladen dieses Inhaltes, d. h. in solchen, in denen der Held körperlich unterliegt, ist es ein Triumph einer absolut erhabenen ethischen Idee, was veranschaulicht wird, ein unbedingter Triumph der Idee trotz des sichtlichen Unterganges des Helden. Indem in einer solchen höheren Idee uns eine Macht gezeigt wird, die in uns selbst begründet liegt, werden wir von ihrer Bedeutung tiefer ergriffen als von einer ausserhalb über uns angenommenen der früheren Balladen. Dadurch, dass sie zugleich auch als göttliche Macht hingestellt und uns in der klassischen Ballade eine Versinnbildlichung für den Sieg des Geistes über die Materie vorgeführt wird, dadurch werden wir begeistert, wenn wir den Helden siegen sehen und so unser Blick auf das Unsterbliche in uns gerichtet wird, erschüttert aber, wenn er untergeht und so unser Blick sich auf das Vergängliche im Menschen lenkt. Wenn z. B. in der Ballade „Der Gott und die Bajadere" diese durch eine unbeirrte, wahre Liebe ihre Vergangenheit sühnt, so sehen wir die Idee erfüllt:

Es freut sich die Gottheit der reuigen Sünder;
Unsterbliche heben verlorene Kinder
Mit feurigen Armen zum Himmel empor, —

und wir werden begeistert, indem wir uns selbst dadurch dieser Gottheit näher fühlen. Erschüttert andererseits werden wir durch „Die Braut von Corinth", wo eine wahre und hohe Empfindung über die Forderungen eines neuen, aber noch ungeläuterten, unnatürlichen Glaubens triumphiert, also der Geist der Wahrheit über Menschensatzung, wobei jedoch die Träger jener höheren Empfindung als Opfer fallen.

Die gemeinschaftliche Grundauffassung der beiden grössten Dichter findet in ihren Balladen ihre besondere, individuelle Färbung. Das seelische Erfassen der höheren Macht, der höheren Idee, unter der die Handlung sich in der klassischen Ballade entwickelt, setzt sich aus einem abstrakteren, dem Gedankenelement, und einem konkreteren, dem Empfindungselement, zusammen. Schiller appelliert beim Leser mehr an jenes, Goethe mehr an dieses. Beide verhalten sich in ihrer Dichtungsart wie Reflexion zu Intuition.

Wenn wir zunächst die Schillerschen Balladen des Musen-almanachs betrachten, so haben wir mit den drei folgenden zu beginnen, die noch nicht vollkommen auf der geforderten Höhe stehen, es sind: „Der Ring des Polykrates" (1798, 24), „Die Kraniche des Ibycus" (1798, 267) und „Der Gang nach dem Eisenhammer" (1798, 206). In ihnen ist, wie in allen Balladen des Dichters, das Element des rein Geistigen gegenüber der Sinnenwelt verherrlicht, aber es hat sich noch nicht als Postulat gestaltet, das der Mensch zu erfüllen imstande wäre, sondern erscheint noch fast wie in früheren Balladen als Ausfluss einer äusseren, dem Menschen absolut überlegenen Macht. Im Poly-krates wird der Wert des Höheren, rein Geistigen mehr negativ gegeben, indem wir sehen, dass da, wo alles weltliche Glück einem Menschen zu teil geworden ist, nach dem Glauben der Alten ein um so grösseres Unglück unabwendbar im Hinter-halt droht Das rein Geistige ist hier nichts als das Ahnen irgend welcher fatalistischen Macht, der Polykrates unbedingt verfallen zu sein scheint.

In den Kranichen tritt es schon positiver auf, nämlich als gerechte Gottheit, welche den Frevel rächt und ebenso im Gang nach dem Eisenhammer, wo es sowohl als solche, als auch als gütige Vorsehung erscheint. Wir sehen also den Menschen entweder einem fatalistischen Schicksale, einer absoluten Ge-rechtigkeit oder auch der göttlichen Güte gegenüber, ohne dass dabei seine Fähigkeit, sich aus freier Wahl und eigener Kraft sein Los zu bestimmen, besonders in den Vordergrund gestellt wäre. Denn wenn sich Polykrates auch seines Ringes, des liebsten seiner vielen Schätze. entäussert, um seinem Unglück zu entgehen, wenn der Mord des Ibycus durch den unüberlegten

Ausruf eines Mörders entdeckt und gerächt wird, oder selbst wenn Fridolin infolge seiner Frömmigkeit, gleichsam nur durch einen Zufall, seinem Untergang entgeht, so ist doch kein höherer Kampf dabei zum Ausdruck gebracht worden. Die That des Beherrschers von Samos, die darin besteht, dass er sein kostbarstes Kleinod in die Fluten versenkt, oder das Schwanken des frommen Dieners zwischen treuer Pflichterfüllung gegen seinen weltlichen und himmlischen Herrn, kann man wenigstens kaum als einen höheren Kampf bezeichnen. Die Handlung in allen drei Balladen erscheint wie unter dem Druck einer gewissen Determination der persönlichen Verhältnisse und Charaktere.

Erst in „Ritter Toggenburg" (1798, 105) finden wir in dieser Hinsicht einen Fortschritt. Dadurch, dass der Ritter, um über weltliches Leiden Herr zu werden, den Entschluss fasst, den Kampf um das heilige Grab zu wagen, sehen wir ihn im Besitz einer höheren Macht, die den Menschen aus sich selber heraus zu erheben imstande ist, die wir aber in den vorigen Balladen vermissen. Aber leider erliegt hier schliesslich der Held seinen sentimentalen Gefühlen, und es kommt jene höhere Macht in ihm so wenig zur vollen sieghaften Entfaltung, dass uns sein ganzes Verhalten direkt als Schwäche erscheinen muss, denn der Ritter unterliegt ohne zwingende, determinierende Umstände, wodurch das Gedicht von diesem Gesichtspunkt aus noch unter den vorigen steht.

Die höhere Macht in das eigene Selbst, in den eigenen Willen der Personen verlegt, aber zugleich auch bis zum endgiltigen Triumph über die menschliche Naturgebundenheit durchgeführt, finden wir in den vier Balladen meisterhaft dargestellt: „Die Bürgschaft (1799, 176), „Der Taucher" (1798, 119), „Der Handschuh" (1798, 41) und „Der Kampf mit dem Drachen" (1799, 151). Hier siegt das rein Geistige über das Materielle, indem es als freier entschiedener Wille im Menschen über Neigungen zur Geltung kommt und zwar als Freundschafts- und Pflichtgefühl, das durch die grössten Gefahren oder durch scheinbar unüberwindliche Hindernisse nicht ins Schwanken zu bringen ist, wie wir es in der Bürgschaft finden; oder es wird als reine ideale Liebe dargestellt, wobei der Sieg des Geistigen durch die Selbstentäusserung und Selbstopferung zustande kommt,

wie es im Taucher der Fall ist; oder es konzentriert das plötzliche Bewusstwerden höherer Menschenwürde alle geistigen
Kräfte, ein Motiv, welches im Handschuh verwendet wird, um
im Helden den Kampf glücklich vollziehen zu lassen, der zwischen
den Gefühlstrieben persönlicher Neigung und dem Drang zum
Höheren, Geistigen stattfindet. Endlich wird im „Kampf mit
dem Drachen" das rein Geistige als Demut, . Die sich selbst
bezwungen" d. h. den Menschen mit all seinen weltlichen Gefühlen überwunden, gefeiert und als schönster Sieg gepriesen.
In all diesen Balladen also werden wir in eine von aller Sinnlichkeit losgelöste Welt geführt, wo unsere sinnliche Empfindung
zum Teil versagt, und wir auf den Gedanken angewiesen sind.

Goethe hingegen holt zu uns das Ideal hernieder und
sucht es in der konkreten, realen Lebenswelt unserer Sinnen-
empfindung zugänglich zu machen oder verhilft vielmehr dieser
Sinnenwelt zu ihrem möglichsten Rechte und innerer Harmonie,
indem er in ihr selbst die höhere geistige Anlage und das
ideale Gepräge sucht und heraushebt. Die konkrete Sphäre
bilden in der „Braut von Corinth" (1798, 88) die äusserlichen
formelhaften Elemente eines ablehnenden, konfessionellen Christentums und die einer heidnisch sinnlichen Liebesauffassung,
wie sie in dem Liebespaar zusammentreffen. Zwischen diesen
und jenen herrscht die schrillste Dissonanz, und es ist nötig,
dass ein allgemeines, höheres zur Verbindung beider Elemente
sich aus ihnen heraus entwickelt. Dieses geschieht auch, nachdem vorher jedes zur vollen Geltung gekommen ist, was aber
auch ein gegenseitiges Nachgehen mit sich bringt: Erfüllung
der Liebe, was ein Zurückweichen des asketischen Christentums
bedeutet: Tod für die Liebesleidenschaft als Sühne, welche dem
heiligen Ernst christlicher Tugend gebracht wird. Aus der Liebe
einerseits und einer ihr streng gegenüberstehenden Konfession
andererseits wird hier das Unvergängliche, ewig Wahre und
Natürliche in seiner alles versöhnenden Bedeutung hervorgehoben
und als das beseligende und verbindende Element verherrlicht.

Dieses klassische Humanitätsideal, das dem Individuum
seine Schranken, dem traditionellen Formalismus gegenüber aber
auch seine Rechte giebt, findet sich ähnlich ausgedrückt in „Der
Gott und die Bajadere" (1798, 188). Aus dem wilden Sinnes-

taumel, in dem die Bajadere dahinlebt, vereinigen sich die in ihrer Natur geborgenen edleren Gefühle zu einer reinen Gatten- liebe und Gattentreue, welche dann aller Orthodoxie zum Trotz über die Persönlichkeit ihr sühnendes und verklärendes Licht wirft.

Das gleiche Prinzip, in der Sinnenwelt eine wahre Har- monie zu schaffen, leitet den Dichter auch (allerdings in lehr- hafter Form) in den beiden Balladen „Der Schatzgräber" (1798, 46) und „Der Zauberlehrling" (1798, 32). Zu jener höheren Einheit sollen wir nach ersterem Gedicht durch die Lebensregel geführt werden: .

> „Tages Arbeit, abends Gäste,
> Saure Wochen, frohe Feste
> Sei Dein künftig Zauberwort,"

nach dem zweiten durch die richtige Beschränkung der Thätig- keit auf den Kreis unserer Kräfte,

Die Weltanschauung, die Goethe in seinen Balladen aus- spricht, steht also durchaus auf konkreter Basis und verhält sich in ihren verschiedenen Fassungen zur Schillerschen, wie die praktischen Lebensregeln zu des letzteren allgemeinen Formeln: „Nur am Scheine mag der Blick sich weiden" oder „Zwei sind der Wege, auf welchen der Mensch zur Tugend emporstrebt" u. s. w.

d) Die übrigen der klassischen Dichtung nahestehenden Gedichte.

Nachdem wir die Poesie unserer Dichterdioskuren des vorigen Jahrhunderts einer genaueren Betrachtung und einer eingehenderen Besprechung unterworfen und an ihr den besten Massstab für die Dichtkunst überhaupt gefunden haben, mit Hilfe dessen die Produkte aller Dichter des ausgehenden 18. Jahrhunderts auf ihren poetischen Wert hin leichter zu be- stimmen sind, so können wir nun mit rascheren Schritten und mehr in zusammenfassender Weise von den übrigen Gedichten des Almanachs sprechen. In diesen Gedichten finden wir nicht mehr eine so starke Neigung zur Nachahmung Klopstocks oder zur Dichtung der Anakreontiker, sondern sie zeigen vielmehr eine weit grössere Annäherung an die Art Schillers oder Goethes als diejenigen, die wir zu der Vorstufe der klassischen Dichtung gerechnet haben. Müssen wir auch in ihnen bisweilen geringe Anklänge an jene Dichter konstatieren, so decken sie sich allerdings auch zum Teil mit dem Pathos der Schillerschen Sprache oder aber mit der heiteren Dichtungsart Goethes.

An Klopstock erinnern „Harmonie der Sphären" (1797, 53) und „Arkona" (1797, 75), beide von Kosegarten, und von A. W. Schlegel „Die entführten Götter" (1798, 199). Wie Klopstock, so verwendet auch Kosegarten viel Pomp bei der äusseren Form; wie dieser, gefällt auch er sich in hochtrabenden Phrasen, die oft kleinliche Gedanken verhüllen und selbst geschmacklose Ausdrücke zuweilen enthalten, so dass Körner in der Kritik des erstgenannten Gedichtes mit Recht schreiben kann: „K. giebt oft ein warnendes Beispiel, wie man grosse Gegenstände nicht kleinlich behandeln soll." Ähnlich verhält es sich mit Arkona, wobei der Verfasser eine reiche Phantasie entfaltet, um „äusserst alltägliche" Gedanken, wie Körner schreibt, zum Ausdruck zu bringen. Aber diese beiden Gedichte sind in Versmassen geschrieben, die dem deutschen Sprachgefühl nicht zuwider sind, und das letztere Gedicht ist gereimt und mit einem künstlerischen Rhythmus versehen. Trotz mancher Mängel haben die Gedichte auch vortreffliche Stellen aufzuweisen und neigen, unterstützt von einer kräftigen und meist edlen Sprache, stark zur Schillerschen Art. „Die entführten Götter" kann man vielleicht als Gegenstück zu Schillers „Götter Griechenlands" bezeichnen, wobei das Äussere zwischen Klopstock und Schiller steht, der innere Wert aber nicht dem Schillerschen entspricht.

Anklänge an die leichte und heitere Art der Anakreonteen kann man, wenn auch nur aus weiter Ferne, finden in Herders „Die Göttergabe" (1797, 72) und in „Die Freuden der Gegenwart" (1798, 301) von Imhof. Die Göttergabe ist ein Reflexionslied mit einer Art anakreontischer Einkleidung, was in sehr ansprechender Weise ausgeführt ist. Die Freuden der Gegenwart nennt Körner eine Fröhlichkeitspredigt. Es ist ein Gedicht mit anakreontischer Heiterkeit und ist mit antiken Redewendungen und Bildern ausgestattet, das, wenn es auch im Inhalt verfehlt, doch in guten, fliessenden Versen verfasst ist.

Von Ideen Schillers getragen ist das Gedicht von Wolt-

mann „Die Kunst" (1796, 49). Der Dichter weiss sie auch
fast durchgehend auf gleicher Höhe zu halten und bedient sich
gleichfalls einer Sprache, die in vielem der Schillers ähnelt.

„Lindor und Mirtha" von Mereau (1798, 100) und „An
die Horen" von Brachmann (1799, 174) enthalten Schillersche
Reflexionen. Beide Dichterinnen zeigen deutlich, dass sie sich
die Dichtung ihres Gönners zum Muster genommen haben, wodurch sie allerdings weniger originell sind. Durch ihre Geschick-
lichkeit jedoch im Versemachen und durch ihre gewandte Sprache
haben sie mit diesen Gedichten etwas ganz Brauchbares geschaffen. Dasselbe gilt vom „Verlornen Maitag" von Imhof
(1798, 80), insofern die Dichterin die Schillersche antikisierende
Art nachahmt, aber hierin zuviel des Guten thut, wodurch das
Gedicht freilich den ebengenannten an Wert nachsteht.

Schiller am nächsten jedoch kommt Hölderlin, von dem
jener selbst einmal sagt, dass dieser junge Dichter Manches mit
ihm gemein habe. Dieses zeigt sich besonders in „An den
Aether" (1798, 131). Bei aller Originalität erinnert die Dichtung äusserlich sowohl wie in der Behandlung des ganzen Stoffes
an die Sprache und an den Ideengang Schillers. Wenn auch
hier eine sehr reiche Phantasie herrscht, so geht sie doch nicht
über das Natürliche hinaus und bewegt sich stets in anschaulichen, leicht verständlichen und daher ansprechenden Bildern.
Fast das Gleiche gilt von seinem Gedichte „Der Gott der Jugend"
(1796, 152), nur dass hier Empfindungen zum Ausdruck kommen,
die auch in der Goethischen ernsten Lyrik anzutreffen sind, und
dass sich durch das Ganze ein weicher Gefühlston zieht, der
sich bei Schiller weniger zeigt.

Mehr zwischen Schiller und Goethe steht Sophie Mereau
mit ihren Gedichten, die im Almanach für 1796 abgedruckt sind,
„Frühling" (55), „Vergangenheit" (107), „Das Lieblingsörtchen"
(145) und „Erinnerung und Phantasie" (149). Diese vier Gedichte tragen mehr oder weniger den Stempel der Goethischen
Lyrik verbunden mit der Schillerschen reflektierenden Art und
Weise. Ebenso ist Matthissons „Die höchste Weihe" (1797:
102) hierher zu rechnen, worin viele Ideen ausgesprochen sind,
die mit einer begeisterten Sprache dargestellt und in eine echt
lyrische Form eingekleidet sind. Anders steht es mit der Epistel

„An Alexander von Humboldt bei Übersendung eines Lukrez"
(1798, 264) von Brinckmann. Wenn auch die Sprache des Gedichtes zwischen der Schillers und Goethes steht und wenn
auch in ihm, wie bei diesen Meistern ein stetes Hinüberspielen
aus Konkretem in Abstraktes stattfindet, so dürfte wohl der
Stoff des Ganzen als ein verfehlter zu betrachten sein, da die
Begeisterung für das System Epikurs schwerlich in jene Zeit
passte und Anklang finden konnte.

Durch ihre äusseren Formen und durch ihre ganze Ausdrucksweise neigen folgende Gedichte mehr zu der Dichtungsart Goethes: „Die Verheissung" von Woltmann (1796, 98), von
Kosegarten „An Ruhheims Fluren" (1796, 119) und „Die Sterne"
(1796, 174); „Mathilde" von Meyer (1796, 180) und „Schwärmerei
der Liebe" von Mereau (1799, 225). Sämtliche Gedichte werden aber in ihrem Wert dadurch beeinträchtigt, dass sie sich
in allzu weichen Empfindungen ergehen, die bisweilen, wie bei
den Haindichtern ans Rührselige streifen. Zum grössten Teil
zeichnen sich die Gedichte durch gute und gefällige Verse aus,
nur dass ihnen häufig die Goethische Kraft der Empfindungen
fehlt, mit der die Dichter sich über ihre sentimentalen Gedanken
und Gefühle hätten erheben sollen. Gerade dadurch hätten sie
ihre tiefe Innigkeit und ihr warmes Empfinden, das die angeführten Dichtungen stellenweise aufweisen, mehr zur Geltung
bringen können.

Es sind nun noch bei weitem mehr Gedichte zu erwähnen,
die direkt von der Goethischen Lyrik beeinflusst zu sein scheinen,
als solche, die an die eigenartige Schillers erinnern. Denken
wir zunächst an die äussere Form, an den Klang, ohne besondere Rücksicht auf den Inhalt zu nehmen, so sind hierher
zu rechnen: von Lappe „Die Schmetterlinge" (1796, 46) und „An
einen Freund" (1796, 163), „Elwicens Schwanenlied" (1796, 167)
von Kosegarten, von Matthisson „Der Bund" (1797, 92) und
„Feenreigen" (1798, 38), „Andenken" (1797, 57) von Mereau,
von Steigentesch „Lied" 1797, 116) und „An mein Reitpferd"
(1799, 45), „Lebewohl" (1798, 303) von Cordes, vier Elegieen
(1798, 204) von Keller, von Imhof „Sonett" (1798, 45) und
„Der Abschied" (1799, 232) und endlich noch „Herbstlied"
(1799, 26) von Tieck. Alle die vorstehenden Gedichte tragen

mehr oder weniger das Gepräge der Goethischen Gelegenheits-
dichtung, von denen manches in Bezug auf gefälligen Versbau,
musikalischen Wohlklang und zarte Empfindung dieser Dichtung
sehr nahe kommt wie z. B. die genannten von Cordes, der
Mereau und Tieck. Zeichnen sich aber alle durch eine gewisse
lyrische Stimmung aus, so hat doch jedes Mängel, wodurch es
an Wert verliert. Fällt das eine durch Wohlklang oder durch
künstlerischen Aufbau auf, so fehlt ihm der tiefere Gehalt oder
auch eine wahre dichterische Empfindung. Ist dieses aber in
einem anderen zu finden, so versteht entweder der Dichter seine
Empfindung nicht einheitlich zum Ausdruck zu bringen, oder
er schwächt seine künstlerische Ausführung ab, indem er sie
teils durch matte oder der Stimmung nicht angepasste Verse,
teils durch undichterische, prosaische Ausdrücke und Redewendungen unterbricht. Von keinem Gedicht kann man also
sagen, dass es an Inhalt und Form zugleich auf der Höhe der
Goethischen Dichtung steht.

In Bezug auf den Inhalt allein finden sich ferner einige
Dichtungen, die als Nachahmung der Goethischen betrachtenden Lyrik bezeichnet werden können oder überhaupt Ähnlich-
keiten mit ihr aufzuweisen haben. Eine ganz besondere Ähnlichkeit fällt sicher einem jeden auf zwischen Herders „Parthe-
nope" (1796, 124) und der Goethischen „Zueignung", denn jenes
Gedicht zeigt deutlich viele Spuren einer starken Abhängigkeit
von diesem. Bei Goethe erscheint dem Wanderer die Poesie und
spricht als Person zu ihm, und bei Herder steigt aus den
Wogen des Meeres eine Nymphe, die gewissermassen als per-
sonifizierte Liebe redend auftritt. Hier wird die Liebe ge-
predigt, dort die Poesie verherrlicht.

Schlegels „Zueignung zu Romeo und Julia" (1798, 175)
ähnelt der Zueignung zu Faust und hat mit dieser viel Gemeinsames in Ton und Haltung und ist ein schönes Kunstwerk,
das allerdings durch die letzte Strophe, die verfehlt sein soll,
wie auch Körner schreibt, etwas beeinträchtigt wird, obgleich
sie nicht übel an die erste Strophe anknüpft.

Die anderen hier einzureihenden Gedichte bieten nur Anklänge an die betrachtende, reflektierende Art Goethes, in denen
seine feine Sinnigkeit zum Teil auch gut nachgebildet ist, ohne

dass sie aber seine geistreichen Ideen enthalten, sondern sogar des öfteren verbrauchte und alltägliche Gedanken darbieten, wie dies der Fall ist in „Licht und Schatten" (1798, 292) von Mereau. Besser sind die von Herder „An Auroren" (1797, 66) „Gefälligkeit" (1797, 100) und „Unter der Rose" (1800, 237) und von Imhof „An Daphne" (1798, 288), das eine besondere Art in der Ausmalung der mythologischen Verwandlung Daphnes und ihrer Umgebung bringt. Auch „Die Mode" (1798, 194) von der gleichen Verfasserin ist hier nicht unbeachtet zu lassen. Es ist eine Betrachtung der Entwickelung der Mode, die zwar etwas breit, aber in guten Versen abgefasst und mit einem witzigen, epigrammatischen Schluss versehen ist.

Erreichen alle diese Gedichte natürlich nicht den vollen Wert der Erzeugnisse unseres Meisters, so sind sie doch schon durch ihre gefälligen Formen höher zu schätzen, als die trocken reflektierenden Gedichte der voraufgegangenen Zeit, in der ein Gottsched dichtete oder der gleichzeitigen Periode der Aufklärung mit ihrer reinen Verstandesdichtung ohne Herz und Gemüt, wie sie Nicolai und dessen Sinnesgenossen hervorbrachten.

III.

Gedichte mit romantischen Einflüssen.

Wie steht es nun mit der romantischen Dichtung, die unter der Führung der Gebrüder Schlegel, Tieck und Novalis in den letzten Jahren des vorigen Jahrhunderts sich auszubreiten und von sich so viel reden zu machen begann? Hat sie nicht auch in dem Schillerschen Almanach Eingang gefunden, oder sind wenigstens nicht Spuren von ihr in seinen Gedichten zu bemerken, die den grossen Einfluss der neuen Richtung der Poesie zeigen, einen Einfluss, der selbst in solchen Kreisen zu verspüren war, die keineswegs zur Fahne der Romantiker schwuren. — Bevor wir diese Fragen beantworten und auf die Gedichte hinweisen, die im romantischen Sinne verfasst sind oder auch nur auf die Romantik hindeuten, sei es durch ihre äussere Form, oder sei es nur durch einzelne Gedanken, wollen wir uns zunächst mit der Dichtungsart durch eine kurze Besprechung ihrer

Hauptmerkmale vertraut machen. Die Romantik hat in Bezug auf äussere Formen viel Gemeinsames mit der Dichtung der Stürmer und Dränger. Wie diese nichts von einer geregelten, kunstvollen Dichtung wissen wollten, mit den althergebrachten Formen brachen und eine neue, keinem Gesetz unterworfene zu schaffen sich bestrebten, so waren auch die Romantiker bemüht, sich von der klassischen Kunst loszusagen und sich neue Gesetze zu bilden, die in Wirklichkeit keine waren, da ihre Dichtungen jeder Form entbehrten und sich regellos in ihrem Aufbau darboten. Hierbei nahmen sie sich Shakespeare zum Vorbild und suchten ihn nachzuahmen in dem regellosen Aneinanderreihen einzelner Szenen und Episoden. Während aber bei jenem die scheinbare willkürliche Folge der verschiedensten Situationen der einzelnen Szenen eine wahre dramatische Kontraststimmung zwischen Humor und Ernst, zwischen Tragik und Komik bewirkt, so ist ein solcher Effekt bei den Romantikern nicht zu bemerken. Da sie diese Regellosigkeit, nur um sich an kein Gesetz zu binden, anwenden, bleibt bei ihnen auch die hohe Wirkung aus. Anstatt sich, wie Shakespeare, der künstlerischen Ausgestaltung der einzelnen Szenen oder der feinen, streng psychologischen Bearbeitung der einzelnen Charaktere zu befleissigen, spielen sie nur mit ihrer Phantasie und bewegen sich fast nur tändelnd auf der Oberfläche der dramatischen Kunst. Wie dieses von ihren Dramen oder gleicher Weise von ihren Romanen gilt, so kann man dasselbe von den kleineren Dichtungen, von ihrer Lyrik sagen. Aber nicht nur durch die äussere Form suchten die Schlegel und ihre Schule von der klassischen Dichtung abzuweichen, weit mehr dagegen ist die Eigenart ihrer Poesie in dem inneren Wesen und in der Behandlung ganz besonderer, der Poesie fernliegender Stoffe aufzufinden. Das Wesen der Romantik besteht aus lyrischer Poesie, Kunst-, philosophisch-religiöser Betrachtung und historischen Darstellungen. Aus der Geschichte wählten sich die romantischen Dichter gerade den leblosen Mythus, der nicht in den Kreis der deutschen Anschauungen passte, den Mythus der antiken Welt, den sie mit den modernsten Begriffen und Ideen verquickten. Ihre Vorliebe für das griechische Altertum artete hierbei förmlich in die Sucht aus, die ganze deutsche Poesie zu gräzisieren. Dabei liessen sie aber gerade das Edle, Erhabene und Anmutige der antiken Dichtung vollständig ausser Acht, weil sie sich eben in ihrem Dichten keinem Gesetz unterwarfen, sondern schrankenlos ihre Phantasie walten liessen, die von vornherein unnatürlich war und schliesslich zu einer einseitigen und krankhaften wurde. Dieselbe Phantasie zeigt sich auch in ihrer Philosophie, in dem anderen Faktor ihrer Poesie, der den historischen noch überwiegt. Ihre Philosophie ist die Natur-philosophie, die besonders von Schelling ausging, von ihm ausge-baut und zu einer neuen Weltanschauung erhoben wurde. Nach Schelling hatte A. W. Schlegel die symbolische Darstellung des Unendlichen zum Wesen der Romantik gemacht und kommt da-durch zu seiner Hauptforderung: der Dichter soll nicht die Natur, sondern den Naturgeist (das Unendliche und Unbegreif-liche) nachahmen. Das Symbolische wurde daher bei ihm und seinen Anhängern mystisch und steigerte sich bis zum äussersten Dunklen und Unverständlichen und entbehrte jedes tieferen Ge-dankens. Allegorisch und mystisch, wie ihre Philosophie, war auch ihre Religion, die aus ihr hervorging und ein neues Ele-ment der Romantik bildete, worin das eigentlich Romantische gipfelte. Jean Paul leitete die Romantik, wie Julian Schmidt*) ausführt, aus dem Christentum ab, weil es die Idee des Unend-lichen dem Gemüt erschlossen habe, und Uhland sagt: Das mystische Erscheinen unseres tiefsten Gemüts im Bilde, das Ahnen des Unendlichen in den Anschauungen ist das Romantische.

Aber gerade durch ihr Streben, das Unendliche darzu-stellen, verfielen die Romantiker in ihren grössten Fehler, in Phantastereien, die sie zu keiner klaren Vorstellung ihrer eigent-lichen Ideen führten. Trotz ihrer hohen Bestrebungen und ihrer hochtragenden Worte, war ihre Philosophie, die sich eng an ihre Religionsauffassung anschloss, nur eine ganz oberflächliche und gehaltlose. Sie waren nicht die Geister, sich in die hohe Aufgabe, die sie sich gestellt hatten, zu vertiefen und ernstlich in ihr aufzugehen. Entlehnten sie infolge ihres historischen Sinnes einmal viel dem klassischen Altertum, so richteten sie

----

*) J. Schmidt. Deutsche Litteraturgesch. von Leibniz bis auf unsere Zeit. Berlin 1890. Bd. IV. S. 334 f.

auch stark ihr Augenmerk auf das Mittelalter und auf die Re-
naissancezeit mit der Ritterpoesie- und dem Frauendienst und
fühlten sich besonders von dem zu jener Zeit bestehenden
Christentum angezogen. Dieses Christentum, der Katholizismus
mit seinen mysteriösen und phantastischen Glaubenssätzen, mit
seinem äusseren Glanz und Gepränge war ganz dazu angethan,
die Begeisterung dafür zu erwecken. Die Begeisterung ging
so weit, dass Fr. Schlegel, der eifrigste Verfechter der Romantik,
auch äusserlich sich zum Katholizismus bekannte, indem er zu
dieser Konfession übertrat.

Gemäss der eigenartigen Stoffe, die sich die Romantiker
für ihre Kunst wählten, wurden sie auch von ihnen höchst
eigenartig behandelt. In ihren Dichtungen finden sich nur
wenig klare Gedanken; alles drücken sie allegorisch, symbolisch,
mystisch aus und breiten über das Ganze einen dichten, un-
durchsichtigen Nebel, der nur höchstens eine gewisse Ahnung
von der Idee des Dichters im Leser aufkommen lässt, anstatt
eine klare Vorstellung zu geben. Somit entsprechen diese Dichtungen keineswegs dem Satz Otto Harnacks (den er in seiner
klassischen Aesthetik der Deutschen S. 215, Leipzig 1892) ausspricht), dass die prägnante Darstellung, die den entscheidenden
Moment einer Handlung trifft, nur stattfinden könne bei bestimmten und darum scharf fassbaren Stoffen. Und ebensowenig
wird in ihnen die Forderung erfüllt, die Körner an einen echten
Dichter stellt, die er bei Gelegenheit der Besprechung des
Octavian von Tieck in einem Brief an Schiller aufstellt: „Die
Gestalt, die seiner (eines echten Dichters) Phantasie erscheint,
ergreift er mit Liebe, sucht sie festzuhalten und ihr in der
ästhetischen Welt eine Wirklichkeit zu geben. Dies unternimmt
er in dem Glauben, dass es in seinem oder einem künftigen
Zeitalter Seelen geben wird, die mit ihm gleiche Empfänglichkeit haben. Die Totalwirkung des Bildes in dem Momente, da
es ihn zur Ausführung begeisterte, soll auf sein Publikum übergehen." — — Infolge ihrer Sucht nach Regellosigkeit ist auch
ihre Ideen- und Gedankenfolge sprungweise, was sich noch äusserlich in ihrem fragmentarischen Stil besonders bekundet. Ein
anderes Charakteristikum ihrer Dichtweise ist das, dass sie
dieselbe mit allerhand Zierrat fremder Poesie, wie sich Körner

8

ähnlich ausdrückt, verschnörkeln und deshalb namentlich die romanischen Versmasse, wie die der Sonetten, Canzonen und dergleichen bevorzugen, wodurch sie, um mit J. Schmidt *) zu reden, die natürliche Physiognomie unserer Sprache abgeschwächt und der Form eine unnatürliche Aufmerksamkeit zugewandt haben.

Neben den so grossen und vielen Mängeln und Nachteilen hat die Romantik auch ihre Vorzüge. Vor allem muss man ihre reiche und glänzende Phantasie erwähnen, durch die, unterstützt von einem grossen Sprachtalent und von einer ausserordentlichen Fertigkeit im Versebilden und Reimen, anfangs namentlich Tieck manches angenehme lyrische Gedicht hervorgebracht hat. Solche Gedichte zeichneten sich durch die mannigfaltigsten Empfindungen aus, die in stetem Wechsel in buntester Reihenfolge zum Ausdruck kommen und dadurch einen eigenen Reiz auf die Leser ausüben. Aus ihnen spricht das tiefste Leid, der tollste Humor, das erschütternd Grauenvolle, das bezwingend Reizende und Rührende, Hoheit und Glanz, Niedrigkeit und Schlichtheit. Wenn Stiefel (in seiner „Lyrik des 18. Jahrhunderts" S. 115) schreibt, dass der Springpunkt der Romantik darin liege, jene von ihm aufgezählten Stimmungen mit einer inneren Grösse harmonisch zu verbinden, so haben es unsere Dichter selten erreicht. Meist springen sie ohne jedwede Motivierung aus einer Stimmung in die andere und achten durchaus nicht auf eine innere Harmonie. — —

Wie verhalten sich Schiller und Goethe zur Romantik? Auch sie können sich ihr nicht ganz verschliessen, und Schiller trägt der so verbreiteten neuen Geschmacksrichtung seiner Zeit Rechnung, indem er in seinem Almanach Gedichte mit romantischem Geist, oder solche, die von ihm wenigstens beeinflusst sind, aufnimmt und somit zu ihrer Verbreitung beiträgt. Haben doch beide als Vertreter des strengsten Klassizismus Gedichte geschaffen, die trotz ihrer klassischen Form, doch im Inhalt einen romantischen Geist zeigen. Es sind ihre meisten Balladen, denn das Grauenerweckende und Unheimliche in der Braut von Korinth, der Frauendienst im Gang nach dem Eisen-

---

*) Vgl. J. Schmidt a. a. O.

hammer, das krankhaft-sentimentale Verhalten des Ritters
Toggenburg, die Entdeckung der Mörder, die durch die Kraniche
herbeigeführt wird und die selbst bezwingende Demut und der
blinde Gehorsam des Johanniters verleihen den Dichtungen eine
romantische Färbung. Im allgemeinen wollen die beiden Dichter
aber nicht viel von der eigentlichen Romantik wissen und verhalten sich absprechend den wahren romantischen Produkten
gegenüber. Wohl erkennen sie aber das Sprachtalent der Romantiker und ihre Kunst im Versifizieren vollkommen an, verwerfen aber ihre Einseitigkeit in der Vorliebe für das Griechische und verachten besonders ihre oberflächliche Art, mit
hochtönenden und anmassenden Worten zu philosophieren, was
Schiller in seinem Brief vom 27. 4. 1801 an Körner bekundet.
Hier lesen wir: „Mich macht das ohnmächtige Streben dieser
Herren nach dem Höchsten nur verdriesslich; und ihre Präten-
tionen ekeln mich an" Und weiter unten: „Mir deucht, der
Weg zum Vortrefflichen geht nie durch die Leerheit und das
Hohle"

Oder er macht sich auch lustig über die romantischen
Erzeugnisse z. B. über den Hesperus von Jean Paul: „Das ist
ein prächtiger Patron", so schreibt er am 12. Juni 1795 an
Goethe, „der Hesperus, den Sie mir neulich schickten. Er gehört ganz zum Tragelaphengeschlecht, ist aber dabei gar nicht
ohne Imagination und Laune, und hat manchmal einen recht
tollen Einfall, so dass er eine lustige Lektüre für die langen
Nächte ist." Am besten wird noch Tieck von ihm besprochen.
Er äussert sich Körner am 5. Januar 1801 gegenüber: „Tieck
ist eine sehr graziöse, phantasiereiche und zarte Natur, nur
fehlt es ihm an Kraft und Tiefe. Leider hat die Schlegelsche
Schule schon viel an ihm verdorben. — Er hält sich nicht
gleich in seinen Werken, und es ist sogar viel Leeres darin."
Und am 26. September 1799 schreibt er gleichfalls an Körner:
„Tiecks Manier kennst Du aus dem gestiefelten Kater, er hat
einen angenehmen romantischen Ton und viele gute Einfälle,
ist aber doch viel zu hohl und zu dürftig, ihm hat die Relation
zu Schlegels viel geschadet."

Trotz alledem konnte er seinen Almanach nicht ganz der
Romantik verschliessen. Er nahm verschiedene Dichtungen in

8*

ihm auf, die aus dieser Schule hervorgegangen waren, oder
solche, auf die sie einen gewissen Einfluss ausgeübt hatte wie
diejenigen, die z. B. im Sonettenversmass oder andere, die nach
Vorbildern romanischer Dichtungen verfasst waren. In Sonetten-
form sind u. a. von A. von Imhof „Sonett“ (1798, 45), von
Hirth „Lebensgenuss“ (1799, 74) und „Einladung“ (1799, 90),
von Steigentesch „Sonett“ (1798, 87) und „Widerspruch der
Liebe“ (1797, 52), von Schlegel „Gesang und Kuss“ (1798, 157).
Wie letzteres an die Poesie Petrarcas erinnert, so ist Haugs
„Laura“ (1796, 78) ganz nach dem Muster von dessen Laura-
dichtungen verfasst, was der Dichter selbst zur Überschrift hin-
zusetzt. Nach anderen romanischen Vorbildern, z. B. nach den-
jenigen der spanischen Poesie finden wir gedichtet von Herder
„Lied eines Gefangenen“ (1796, 59), das als spanische Romanze
bezeichnet wird, und „Die Entfernte“ (1796, 102).

Anders verhält es sich mit den „Geistern des Sees“ (1799,
165) von der Imhof, „Hexenfund“ (1799, 32), „Die Elementar-
geister“ (1799, 58), „Der neue Pygmalion“ (1799, 105), „Lied
der Nixen“ (1799, 133) — letztere 4 von Mathisson — „Königin
Kobold“ (1797, 63) von Meyer und von Tieck „Auf der Reise“
(1799, 42) und „Der neue Frühling“ (1799, 48). Alle diese
Gedichte sind weder nach Vorbildern der Ausländer noch in
einem romanischen Versmass gedichtet. Sie haben vielmehr
mit ihrem Geister-, Nixen-, Elfen- und Koboldspuk deutsch-
romantische Färbung. Das Romantische in ihnen ist aber noch
nicht bis zu den äussersten Konsequenzen geführt, wodurch sie
weit höher über den Gedichten stehen, in denen dies der Fall
ist, wie etwa in sehr vielen Dichtungen des Schlegel-Tieckschen
Almanachs von 1802.

Die oben aufgezählten Gedichte zeichnen sich mit nur
geringen Ausnahmen wie die meisten romantischen Dichtungen
aus durch grosse Phantasie, edle, glatte Sprache mit gleichem
Rhythmus, durch musikalischen Klang, durch anmutige Ausführungen zarter und empfindungsreicher Gedanken und endlich
durch angenehmen Humor, der in ihnen stets so anziehend
wirkte. Sie haben aber auch schon den Fehler, der zwar noch
nicht so stark hervortritt, wie bei den streng romantisch ge-
haltenen Produkten, dass nämlich in ihnen Unklarheit der Ge-

danken herrscht oder dass die Ideenfolge sich zum Teil unge-
ordnet oder sprunghaft darbietet. Diese Fehler, überhaupt das
Charakteristische des ganzen romantischen Geistes lässt sich
weit deutlicher verspüren in den Gedichten von A. W. Schlegel:
„Aus einem ungedruckten Roman" (1796, 111), „Pygmalion"
(1797, 126) und in denen von Woltmann: „Sylfenlied" (1796, 43)
und „Die Rache der Elfen" (1796, 92). Während die vorigen
Gedichte nur eine Annäherung an die Romantik oder bloss eine
Beeinflussung durch sie zeigen, so sind diese, besonders die von
Schlegel ganz im Geist jener Schule verfasst worden. Die
geringe Anzahl solcher Produkte beweist uns somit am deutlichsten, dass Schiller nicht gesonnen war, die Richtung in
seinem Almanach sich breit machen zu lassen, da er in ihm nur
einen so kleinen Platz für sie eingeräumt hat. Zweifellos hätte
es ihm nie an derartigen Dichtungen gefehlt, wenn er sie nur
gewünscht hätte.

IV.
Die Xenien.

Eine ganz neue Erscheinung in der deutschen Poesie
waren die Xenien. Es sind dies meist polemische Epigramme,
die Schiller und Goethe gemeinschaftlich nach dem Vorbilde der
Epigramme Martials schufen. Sie hatten anfangs die Absicht,
sie zusammen, etwa tausend an der Zahl, in einem besonderen
Band zu veröffentlichen. Schiller verwarf aber den Plan, da die
Monodistychen sich nicht zu einem einheitlichen Ganzen zusammen-
fügen liessen. Er trennte sie daher und liess sie in dem Almanach
für 1797 abdrucken. Hier finden wir sie entweder vereinzelt
zwischen den Gedichten verstreut wie die Epigramme der Mitarbeiter in allen fünf Jahrgängen,*) oder es sind mehrere zu-
sammengefasst, die ein grösseres Ganzes bilden wie z. B. „Die
Eisbahn" von Goethe" (1797. 143), und ein grosser Teil dieser

---

*) Wir haben ihrer nicht besonders Erwähnung gethan, da sie nichts
Neues bieten. Ihre Schöpfer, es hatten fast alle Mitarbeiter Epigramme ge-
liefert, verfolgten nur weiter die Bahn, die Lessing mit seinen vortrefflichen
Epigrammen eröffnet hatte.

Xenien bildet, wie die venetianischen Epigramme Goethes im ersten Jahrgang, den Schluss des zweiten Bandes.

Wie Schiller und Goethe mit ihren Gedichten positiv dazu beitrugen, die deutsche Poesie zu heben und den Geschmack des Publikums durch sie zu läutern, so wollten sie es auch in negativer Form durch die Xenien bewirken und zogen in ihnen aggressiv mit scharfen Waffen gegen alles Unpoetische und Unklassische zu Felde, was selbst das Xenion mit der Überschrift „Moralische Zwecke der Poesie" ausspricht:

,,Bessern, bessern soll uns der Dichter, so darf denn auf Eurem Rücken des Büttels Stock nicht einen Augenblick ruhn".

Sie wollten einmal aufräumen mit allem Veralteten in unserer Dichtung und die Dichter aus ihrem poetischen Schlendrian herausbringen, dann aber auch sich schützend gegen die neuen Strömungen aufstellen, die nach der entgegengesetzten Seite wie die bisherigen über das Ziel hinausschossen. Die Xeniendichter strebten also mit diesen ihren Gastgeschenken darnach, die Poesie in die richtigen Bahnen, in die Bahnen ihrer klassischen Auffassung zu lenken.

Aber nicht nur Kampf und Streit enthalten die Xenien, sie wollen auch mit ihren geistvollen Ideen die Leser erfreuen:

,,Einige steigen als leuchtende Kugeln und andere zünden,
Manche auch werfen wir nur spielend, das Aug' zu erfreun."

Da der Xenienkampf schon mehrfach von Berufneren, wie von Boas, Erich Schmidt und Suphan und zwar in ausführlicherer Weise behandelt worden ist, als es uns in dieser Arbeit zukommen würde, so wollen wir nur einiger Xenien kurz Erwähnung thun, mit denen ihre Schöpfer direkt gegen litterarische Strömungen spottend und feindlich auftreten. Gegen die alte Richtung der Poesie, die von Gottsched ausgegangen war, und noch immer in Leipzig fortgepflegt wurde, gegen die verwässerten und nichtssagenden prosaischen Reimereien wendet sich das Xenion „Pleisse", oder gegen andere das mit „Charade" betitelte, das nach Boas gegen Wielands Sinngedicht zur Geburtsfeier des Herrn Prinzen zu Sachsen-Weimar gerichtet sein soll, und ebenfalls „Prosaische Reimer", worin Wieland genannt und angeredet wird. In „An Schwätzer und Schmierer" künden sie

im Allgemeinen gegen alle derartigen Dichter den Krieg an.
„Desideratum" scheint speziell auf Nicolai zu gehen, der sich
mit seinen satirisch komischen Romanen und mit seinen kritischen
Arbeiten Wieland und Lessing mit grosser Anmassung gleich-
gestellt hatte. Da er ausserdem durch seine Aufklärungsphilo-
sophie, mit der nüchternen und faden Art, mit der er sie be-
handelte, unsern Klassikern verhasst gemacht hatte, wurde er
von Schiller in dem Xenion „Der Fuchs und der Kranich", was
gut auf ihn passt, wenn es auch auf die ganze Klasse der Auf-
klärer gemünzt sein sollte, stark mitgenommen. Mit gleichem
beissenden Spott richtet sich aus demselben Grunde das „Zeichen
des Wassermanns" gegen Adelung, dessen Definitionen psychologischer Ausdrücke oft matt und verwässert waren. — Auch
die Art vieler damaliger Übersetzungen fremder Autoren bedenken sie mit manchem Gastgeschenk.

„Herkules" z. B. charakterisiert sehr treffend die prosaischen Übersetzungen Shakespearescher Stücke von Eschenburg
und Wieland, in denen der britische Dichter kaum wieder zu
erkennen ist; ebenso gut traf das auf Dyk gemünzte „Französische Lustspiele von Dyk", der französische Komödien übersetzt hatte, die aber, wie es am Schluss des Distychons heisst:
„herzlich geschmacklos und fad" waren.

Derselbe Gedanke, den Schiller in der Kritik der Bürgerschen Gedichte ausspricht, dass der Dichter sich in seinen Erzeugnissen selbst giebt, weshalb er seine Individualität, bevor er an
die Öffentlichkeit tritt, erst zur höchsten Reinheit geläutert
haben müsse, findet sich wieder in dem Xenion „Das Wider-
wärtige", worin zugleich ein Hieb auf die Dichtungen mit un-
edlem Inhalte ausgeteilt wird. Noch deutlicher aber werden
Schriften und Dichtungen mit solchem Inhalt gegeisselt in den
Gedichten „Für Töchter edler Herkunft" und „Der Kunstgriff".
Beide Epigramme sind J. T. Hermes gewidmet, der einen
schlüpfrigen Roman mit der Überschrift des ersten Xenions
und zu höchst sinnlichen und lüsternen Gemälden moralische
Nutzanwendungen geschrieben hatte.

Wiederum blieben Dichtungen nicht unangegriffen, die nach
der entgegengesetzten Seite über das Mass hinausgingen, deren
Fassungen entweder zu erhaben und hochtrabend waren und

dadurch oft dem Inhalt nicht entsprachen, oder solche, die allzu frömmelnd und pietistisch waren. Dies zeigen: „Der erhabene Stoff", „Dialoge aus dem Griechischen", „Der Teleolog" und „Muse zu den Xenien".

Auch gegen die unbedeutenderen Zeitschriften und Almanache richten die Xeniendichter ihre scharfe Satire. Die Bibliothek der schönen Wissenschaften zu Leipzig, der Sammelplatz der Geschmacklosigkeit der Leipziger und verwandter Poeten, die Schiller spottend die Geschmacksherberge nannte, wurde mit dem Xenion begabt, das den Titel der Zeitschrift trägt. Noch kräftigere Hiebe wie hier werden in dem folgenden mit der Aufschrift „Dieselbe" gegen sie ausgeteilt, wo der Pentameter heisst:

„Gicht und Wassersucht wird hier von der Schwindsucht gepflegt."

Ebenso erweckten bei unseren Dichtern ihren gerechten Unwillen die vielen Journale wie z. B. Reichards „Deutschland", „Humaniora" und Hennings „Genius der Zeit", in denen neben Politik die neuesten Erzeugnisse der Litteratur behandelt wurden. Die litterarischen Besprechungen waren aber im höchsten Masse parteiisch und ungerecht, da sie gerade die unbedeutenden Autoren mit Schmeicheleien überhäuften und die guten mit Tadel verletzten. Auf solche Zeitschriften zielen „An gewisse Kollegen" und „Zeichen der Wage". Von den Xenien, die Almanache befehden, wollen wir nur erwähnen: „B . . . s Taschenbuch" und „Kalender der Musen und Grazien". Ersteres wendet sich gegen den ärmlichen Inhalt von Beckers Taschenbuch und letzteres, wie Goethes „Musen und Grazien in der Mark" (1797, 68), gegen den platten und unverhüllten Naturalismus der Dichtungen des Pfarrers Schmidt von Werneuchen, die er in seinem Kalender der Musen und Grazien veröffentlichte.

Dass die romantische Schule, gegen die sich Schiller wie Goethe so häufig wandten und über deren Fehler sie mit Recht so abfällig urteilten, in diesem litterarischen Kampf nicht ohne Angriffe davonkam, ist nur allzu natürlich. „Die zwei Fieber" stellt ihre Gräcomanie als ein hitziges Fieber hin und „Griechheit" verspottet die Romantiker, die gerade bei ihrem Schwärmen für die griechische Poesie, deren edeln Geist das Massvolle und die Klarheit derselben in ihren Dichtungen vermissen lassen; gegen die ganze ungesunde Strömung dieser Schule überhaupt wendet sich das zunächst J. Paul zugedachte doppelte Distychon „Der Chinese in Rom" (1797, 110), das damit schliesst, dass der Schwärmer, der Romantiker,

„ . . . . den Echten, Reinen, Gesunden
Krank nennt, dass ja nur er heisse, der Kranke, gesund."

Bei Gelegenheit der Bekämpfung allgemeiner Missstände und der Verderbtheit des deutschen Kunstgeschmackes richten die beiden Streiter ihre scharfen Pfeile auch reichlich auf ihre ganz persönlichen Gegner und werfen deren meist ungerechtfertigte Angriffe mit besseren Geschossen zurück, worauf wir aber hier nicht einzugehen brauchen.

Nachtrag.

Verschiedene Nummern der Almanachs haben wir in unserer Besprechung nicht berührt. Es sind entweder solche, die wegen ihrer Unbedeutendheit und wegen keines besonders ausgesprochenen Charakters sich nicht über die gewöhnlichen Dichtungen erheben, von denen die Almanache und sonstigen Gedichtsammlungen jener Zeit meist angefüllt sind, oder es sind Übersetzungen und Nachbildungen fremder Dichtungen und endlich solche, deren Art nur einmal im Almanach vorhanden ist, nämlich ein Epos und ein Dramolet, die wir deshalb nicht in die Abhandlung der lyrischen und episch-lyrischen Gedichte einreihen konnten.

Zur ersten Gruppe gehören die, welche Schiller teils aus persönlichen Rücksichten, teils aus Mangel an besseren aufgenommen hatte, und welche als die von ihm erwähnten Figuranten angesehen werden können. Von Übersetzungen und Nachbildungen fremder Poesie sind hier aufzuzählen: von Humboldt „Die Dioskuren aus Pindars zehnter Nemeischer Ode" (1798, 110), von Eschen „Hymnen aus dem Griechischen" (1799, 136) und von Kosegarten „Alexanders Fest" (1800, 185). Alle drei Gedichte behandeln griechische Stoffe und tragen nur dazu bei, die Bekanntschaft mit dem Griechischen zu vergrössern und die Antike noch mehr bei den Zeitgenossen einzubürgern. Hum-

boldt, der durch seine ästhetisch-kritischen Betrachtungen über
Poesie überaus massgebend war und von Schiller wegen seines
stets treffenden Urteils sehr gern gehört wurde, war in der
Dichtkunst selbst wenig produktiv und leistete hierin nichts
Bedeutendes. Anders steht es mit seinen Übersetzungen, wo-
für „Die Dioskuren" ein gutes Beispiel geben. Sie machen uns
mit Pindar bekannt und können als vortreffliches Muster der
Übersetzungskunst gelten. Eschens Hymnen sind Nachbildungen
griechischer Hymnen; sie behandeln die alte Mythologie und
geben in guter Weise die Art solcher Gesänge wieder. Alexanders
Fest hat historischen Inhalt und ist auch nach griechischer
Weise abgefasst. Es ist eine Nachahmung derjenigen helleni-
schen Dichtungen, die sich durch ihre dramatisch bewegten
Handlungen auszeichneten. Hat Kosegarten bei der Abfassung
des genannten Gedichtes auch kein bestimmtes Vorbild im Auge
gehabt, so suchte er, wie Eschen, griechische Hymnen, hiermit
die dramatische Kunst der Hellenen in Gedichtform nachzubilden, was ihm auch in Bezug auf den Chor und die Wechsel-
gesänge recht gut gelungen ist.

Das einzige im Almanach vorhandene Epos ist „Die
Schwestern von Lesbos" (1800, 1) von der Imhof, das Dramolet hat den Titel „Tantalus" (1798, 224) und ist von Lenz
verfasst. Letzteres ist eine Art Farce in sehr humoristischem
Ton, und Schiller hat es, trotzdem es schon einmal gedruckt
gewesen war, wohl wegen der Originalität wieder in seinem
Almanach erscheinen lassen. „Die Schwestern von Lesbos"
sind ein wohlgelungenes Werk, woran Goethe nicht geringen
Anteil hat, denn aus seinem Briefwechsel mit Schiller geht es
deutlich hervor, dass er der Dichterin nicht nur viel mit seinem
Rat zur Seite gestanden habe, sondern auch verbessernd an der
Dichtung thätig gewesen ist. Die Imhof hat sich offenbar in
der ganzen Ausführung und in den einzelnen Situationen Goethes
Hermann und Dorothea zum Muster genommen. Das Epos
steht jedoch ganz auf griechischem Boden, und die Verfasserin
zeigt damit eine grosse Kenntnis der antiken Gebräuche und
giebt ein wahres Bild echt griechischen bürgerlichen Lebens.

Schlussbetrachtungen.

Überblicken wir nun zum Schluss die einzelnen Jahrgänge des Schillerschen Musenalmanachs, und betrachten wir sie auf den besonderen Charakter hin, der sich in ihnen je nach dem Inhalt ergiebt, so kommen wir zu folgendem Resultat. Der erste Band bietet ausser den Schillerschen und Goetheschen Erzeugnissen noch nichts besonders Hervorragendes. Er ist eine Sammlung von Gedichten Schillers, zeitgenössischer Dichter und Dichterinnen oder solcher Mitarbeiter des Almanachs, die erst durch Schillers Anleitung und Aufmunterung mit ihren Produkten zum erstenmal an die Öffentlickeit treten. Aber, wie schon gesagt, wurden die Gedichte nicht ohne Wahl aufgenommen. Sie mussten vor allem Neues bringen, sich über die gewöhnliche Dichtungsweise erheben und sich der Art Schillers und Goethes nähern. Im Ganzen sind es Gedichte lyrischen Inhaltes. Der Almanach für 1797 dagegen hat einen ausgesprochen polemischen Charakter. Die Xenien bilden seinen Hauptinhalt und stellen die übrigen Gedichte insofern in den Schatten, als sie bei der Lektüre stets das grösste Interesse für sich in Anspruch nehmen werden. Denn schon damals erweckten sie ein ungeheures Aufsehen bei dem Publikum und durch ihre Angriffe auf so viel Schriften und Dichtungen, sowie durch ihr kurzes und dabei so treffendes Charakterisieren erlangten sie eine ganz besondere historische Bedeutung. In Bezug auf ästhetischen und künstlerischen Wert nimmt der Almanach für 1798, der Balladenalmanach, die erste Stelle unter den fünf Bänden ein. Er enthält ausser den Musterballaden Schillers und Goethes noch viele edle Gedichte wie z. B. die von Hölderlin und Matthisson oder anderer Dichter. Lässt der Almanach für 1799 zwar einen kleinen Rückgang in seinem Inhalt bemerken, so steht er dem dritten doch nicht viel nach und bildet mit ihm den Höhepunkt des ganzen Unternehmens. Der letzte hingegen, der schon äusserlich mit seinem geringen Umfang den übrigen nicht gleichkommt, hat auch inhaltlich weniger aufzuweisen. In ihm ist von Goethe nichts zu finden, und nur die Schwestern von Lesbos und das Lied von der Glocke verschaffen ihm ein gutes Ansehen. Er verliert aber speziell durch das erstgenannte Gedicht, das einen sehr grossen Teil des Bandes einnimmt, den Charakter einer lyrischen Sammlung.

Trotz dieses einen Epos geht doch aus alledem hervor, dass Schiller bei der Herausgabe des Almanachs die Absicht hatte, hauptsächlich lyrische und episch-lyrische Gedichte zu bringen. Er verfuhr nach dem Prinzip, Gedichte der verschiedensten Gattungen darzubieten und jeder Strömung der Poesie einen Platz in seinem Organ einzuräumen, wobei er selbst die von ihm wenig begünstigte Romantik nicht ganz ausschloss. Es bildete diese Mannigfaltigkeit der Gedichte einen nicht zu unterschätzenden Vorzug gegenüber dem Schlegel-Tieckschen Almanach von 1802, der im Wesentlichsten nur Romantisches bot und deshalb auch nur den Ansprüchen der Kreise Genüge leistete, die sich in den Ideen der Romantiker bewegten und sich durch ihre Bestrebungen begeistern lassen konnten. Hatten sich diese Kreise im Anfang unseres Jahrhunderts auch sehr erweitert, so konnte sich der von Schlegel und Tieck veranstaltete Almanach nicht einer solchen Beliebtheit wie der von Schiller erfreuen. Letzterer war eben für das gesamte Publikum berechnet und erntete daher von allen Seiten reiche Anerkennung, denn die einzelnen Anfeindungen müssen nur als rein persönliche und ungerechte Angriffe auf Schiller und Goethe angesehen werden. Schiller hat sich durch seine vortreffliche Sammlung in der deutschen Litteraturgeschichte das Verdienst erworben, dass durch sie eine grosse Zahl von weniger bedeutenden Almanachen auf dem Büchermarkt verschwanden, da sich die meisten Blicke den Schillerschen zuwandten, und dadurch der Lebensfaden jener abgeschnitten wurde. Dann hat er, wie Körner vor dem Erscheinen des ersten Almanachs an Schiller schrieb, auch gezeigt, wie ein deutscher Musenalmanach aussehen müsse. Es waren viele Gedichte darin, die eine neue Aera der Poesie begannen, die in der Folgezeit Nachahmungen hervorriefen, und von denen noch manches auch von uns für mustergültig gehalten werden kann. Eine andere litterarhistorische Bedeutung des Almanachs ist die, dass ohne ihn viele Gedichte nicht entstanden wären; denn ohne die Veranlassung, sich für dieses Unternehmen Beiträge zu verschaffen, wäre Schiller sicher nie mit all den' angehenden Dichtern und Dichterinnen in so enge Beziehungen getreten und hätte mit seinem Rat nicht so direkt auf sie einwirken können. Aber

auch von Schiller selbst würde uns manche schöne Blüte seiner
Poesie heute fehlen. Körner schreibt am 14. August 1799 an
Schiller: „Dass Du den Almanach aufgiebst, kann ich Dir freilich nicht verdenken, wenn er Dir so viel Beschwerde macht.
Aber schade ist es doch. So manches kleinere Gedicht von
Dir und Goethe wäre vielleicht nicht ohne diesen Anlass ent-
standen. Ich weiss wohl, dass der Almanach Euch nicht be-
geistert hat, aber manche vorhandene dichterische Idee wäre
vielleicht bloss ein Gegenstand des Gesprochenen zwischen Dir
und Goethe und unausgeführt geblieben, wenn Ihr nicht eine
Lücke im Almanach auszufüllen gehabt hättet." Und auch
ähnlich schreibt Goethe im Januar 1829 an den Staatsrat
Schulz: „Ich weiss wirklich nicht, was ohne die Schillersche
Anregung aus mir geworden wäre, und hätte es ihm nicht an
Manuscripten zu den Horen und Musenalmanachen gefehlt, ich
hätte die Unterhaltung der Ausgewanderten nicht geschrieben,
Cellini nicht übersetzt, ich hätte die sämtlichen Balladen und
Lieder, wie sie die Musenalmanache geben, nicht verfasst, die
Xenien nicht gesummt und im Allgemeinen, wie im Besonderen
wäre gar manches andere geblieben."

Die Bedeutung und der ganze Inhalt der Almanache mit
den Gedichten und Xenien aber ist vortrefflich charakterisiert
in dem Xenion „Der Almanach als Bienenkorb":

„Lieblichen Honig gab er dem Freund, doch nahet sich täppisch
Der Philister, ums Ohr saust ihm der stechende Schwarm."

Litteratur.

Goedeke, Grundriss zur Geschichte der deutschen Dichtung. 4. und 5. Band. Dresden 1891 und 1893.

Haym, Die romantische Schule. Ein Beitrag zur Geschichte des deutschen Geistes. Berlin 1870.

Hettner, Geschichte der deutschen Litteratur im 18. Jahrh. 4. Auflage. Braunschweig 1893.

Prutz, Der Göttinger Dichterbund. Leipzig 1841.

Rinne, Geschichte der Entwicklung der deutschen Nationallitteratur. Leipzig 1842/43.

Schmidt, Julian, Geschichte der deutschen Litteratur von Leibniz bis auf unsere Zeit. Berlin 1890.

Schröter, Der Entwicklungsgang der deutschen Lyrik in der ersten Hälfte des 18. Jahrh. Diss. Wolmirstedt 1879.

Stiefel, Die deutsche Lyrik des 18. Jahrh. Leipzig 1871.

Vilmar, Geschichte der deutschen Nationallitteratur. 23. Auflage. Marburg und Leipzig 1890.

Wackernagel, Geschichte der deutschen Litteratur. 2 Auflage von Ernst Martin. 2 Bde. Basel 1879 und 1894.

Witkowski, Die Vorläufer der anakreontischen Dichtung in Deutschland u. Fr. v. Hagedorn. Leipzig 1889.

Bielschowsky, Goethe. Sein Leben und seine Werke. 1. Bd. München 1896.

Hoffmeister, Schillers Leben, Geistesentwicklung und Werke. 2 Bände. Stuttgart 1839.

Palleske, Schillers Leben und Werke. 13. Aufl. 2 Bde. Stuttgart 1891.

Goedeke, Geschäftsbriefe Schillers. Leipzig 1875.

Goedeke, Schillers Briefwechsel mit Körner. Von 1784 bis zum Tode Schillers. 2 Tle. Leipzig 1878.

Humboldt, W. v., Briefwechsel zwischen Schiller und W. v. Humboldt. Stuttgart 1876.

Jonas, Schillers Briefe. Kritische Gesamt-Ausg. Deutsche Verlagsanstalt. 1892 bis 96.

Urlichs, L., Briefe an Schiller. Stuttgart 1877.

Vollmer, Briefwechsel zwischen Schiller u. Goethe. 2 Bde. Stuttgart 1881.

———

Arnim v. Brentano, Des Knaben Wunderhorn. Reclamsche Ausg. Leipzig.

Ditfurth, 52 ungedruckte Balladen des 16, 17. u. 18. Jahrh. Stuttgart 1874.

Herders Werke. Herausg. v. Düntzer u. Wollheim da Fonseca. Bd. 5. Berlin (Hempel) o. J.

Hirzel, Hallers Gedichte. Frauenfeld 1882.

Loeper, Goethes Gedichte. 3 Tle. Berlin 1882 bis 1884.

Schiller, Anthologie auf das Jahr 1782.

———

Boas, Schiller u. Goethe im Xenienkampf. 1. Tl. Stuttgart u. Tübingen 1851.

Braun, Schiller u. Goethe im Urteile ihrer Zeitgenossen. Zeitungskrit aus 1773 bis 1812. 'Leipzig 1882. Bd. I.

Brosin, Schillers Verhältnis zu dem Publikum seiner Zeit. Leipzig 1875.

Lips u. Werner, Beiträge I: „Lyrik u. Lyriker". Hamburg u. Leipzig 1890.

Redlich, Versuch eines Chiffernlexikons zu den Musenalmanachen. Progr. der Hamburger Höh. Bürgersch. Mich. 1873 bis Ost. 1875.

Stein, Goethe u Schiller. Beiträge zur Aesthetik der deutschen Klassiker. Reclamsche Ausg. Leipzig.

Strauss, Dav., Der alte und der neue Glaube. Bonn 1877.

Tieck, Die neusten Musenalmanache. (Berliner Archiv der Zeit 1796 I.).

Wackernagel, Poetik, Rhetorik und Stilistik. Herausg. v. Ludw. Sieber. Halle 1888.

Weimarisches Jahrbuch für deutsche Sprache, Litteratur und Kunst. Hrsg v. Hoffm. v. Fallersleben und Osc. Schade. 2. Bd. Hannover 1855.

Vita.

Ich, Robert Walter Schwerdtfeger, wurde am
10. Februar 1866 in Eilenburg (Prov. Sachsen) als ältester Sohn
des Fabrikanten Robert Schwerdtfeger geboren und besuchte
von Ostern 1872 ab die Bürgerschule meiner Vaterstadt. Im
ersten Schuljahre erblindete ich, nahm aber noch weiter am Unter-
richt der drei untersten Klassen teil. Von 1876—1881 war ich
Zögling der städtischen Blindenanstalt zu Leipzig, wo ich nur
einen mässigen Elementarunterricht genoss. Da diese Anstalt
nur für Kinder bestimmt ist, kam ich 1881 nach der Konfir-
mation in die Königliche Blindenanstalt nach Steglitz bei Berlin.
Dort sollte ich zu meiner späteren Beschäftigung ein Handwerk
erlernen und besuchte die an der Anstalt bestehende Fortbil-
dungsschule. Doch wurde ich veranlasst, 1886 nach Berlin
überzusiedeln, um mich noch für den Besuch eines Gymnasiums
vorzubereiten. Ich erhielt Privatunterricht in Mathematik, Fran-
zösisch, Latein und Griechisch und fand Ostern 1888 Aufnahme
in der Untersekunda des humanistischen Gymnasiums zu Guben.
Hier besuchte ich die vier obersten Klassen und erhielt nach
abgelegter mündlicher Prüfung Ostern 1892 das Reifezeugnis.
Hierauf bezog ich die Universität Leipzig, um Germanistik zu
studieren. Doch besuchte ich auch Vorlesungen über romanische
Philologie und nahm teil an den germanistischen, romanischen
und philosophischen Seminarübungen. Ich hörte die Herren
Professoren und Dozenten: Arndt, v. Bahder, Birch-Hirschfeld,
Elster, Heinze, Holz, Lamprecht, Marcks, Pückert, Settegast,
Sievers, Strümpell, Volkelt, Weigand, Witkowski und Wundt,
deren ich hier aller dankbar gedenke. Besonderen Dank aber
schulde ich Herrn Professor Dr. Witkowski, der mir bei der
vorliegenden Arbeit in grösster Liebenswürdigkeit stets mit
seinem Rat zur Seite gestanden hat.